GIULIO DOUHET

# 空军之父与空权斗士
## ——杜黑军事技术思想

KONGJUN ZHIFU YU KONGQUAN DOUSHI
- DUHEI JUNSHI JISHU SIXIANG



首都经济贸易大学出版社
Capital University of Economics and Business Press
·北 京·

**图书在版编目(CIP)数据**

空军之父与空权斗士:杜黑军事技术思想/赵江波,荣小雪著. —北京:首都经济贸易大学出版社,2017.8

ISBN 978 - 7 - 5638 - 2596 - 7

Ⅰ.①空… Ⅱ.①赵… ②荣… Ⅲ.①杜黑(Douhet,Giulio 1869 - 1930)—军事思想—思想评论 Ⅳ.①K835.465.2

中国版本图书馆 CIP 数据核字(2016)第 300009 号

**空军之父与空权斗士——杜黑军事技术思想**

**赵江波 荣小雪 著**

---

**责任编辑** 赵 杰

**封面设计** 风得信·阿东 FondesyDesign

**出版发行** 首都经济贸易大学出版社

**地　　址** 北京市朝阳区红庙(邮编 100026)

**电　　话** (010)65976483 65065761 65071505(传真)

**网　　址** http://www.sjmcb.com

**E - mail** publish@cueb.edu.cn

**经　　销** 全国新华书店

**照　　排** 北京砚祥志远激光照排技术有限公司

**印　　刷** 北京九州迅驰传媒文化有限公司

**开　　本** 710 毫米×1000 毫米 1/16

**字　　数** 188 千字

**印　　张** 11

**版　　次** 2017 年 8 月第 1 版 2017 年 8 月第 1 次印刷

**书　　号** ISBN 978 - 7 - 5638 - 2596 - 7/K·24

**定　　价** 38.00 元

---

# 目　录

# 第一章 绪　论

意大利将军朱里奥·杜黑（Giulio Douhet，1869—1930）是著名的军事预言家、军事理论家、空军战略家，他是世界空军理论的鼻祖，制空权理论的奠基人。他的思想在军事理论和军事实践上都具有独特的地位和价值，尤其是他的军事思想在世界空军学术思想发展史上具有举足轻重的地位。

杜黑第一个系统地阐述了建设空军和使用空军的思想，创立了新的军事学说——空军战略理论（制空权理论），因此，被西方称为“战略空军之父”。杜黑制空权思想引发了军事技术领域的一场革命，他第一个把人类战争的视野从平面引向立体，第一次揭开了空中作战的秘密，他穷其一生来证明飞机的军事价值，他为空军的诞生和成长殚思极虑，他是真正的“空权斗士”。

杜黑的《制空权》论述了军事技术革命将改变战争形态、空军建设、空中战争等思想，这不仅是杜黑军事思想的论述和体现，同时也是其军事技术思想的重要论断和来源。本书主要研究杜黑的军事技术思想。

## 一、杜黑理论及其研究现状

杜黑是20世纪前期意大利著名的军事家，1921年，杜黑出版了著名的军事专著《制空权》，1927年对《制空权》进行修订，全面阐述了他的理论观点；1928年出版了《未来战争的可能面貌》，强调新兵器在未来战争中的作用；1929年出版了论战性著作《扼要的重述》，回答了各种批评意见；1930年出版了《19××年的战争》，预测未来欧洲大战的可能面貌。1932年，这四部著作合编成《制空权》在罗马出版。之后，《制空权》被翻译成英文、德文、法文、中文、日文、俄文、西班牙文等，在世界范围广泛传播。由于杜黑的理论对现代战争产生了深远影响，对许多国家的国防建设尤其是空军建设都产生过不同程度的影响，从而掀起了全世界范围内对杜黑及其理论和思想经久不衰的研究。

国外对杜黑理论的研究主要集中在欧洲各国、美国和日本等国家，产生了一批有影响的专著、学术论文。研究方向包括：杜黑军事理论体系基本内容和历史贡献的系统论述；杜黑的理论和思想的起源与发展的介绍、褒贬不一的评价；杜黑思想对各国航空学术发展的影响；杜黑理论在各国的应用、在现代战争中的应用、对各国空军建设和国防建设的贡献；杜黑思想与其他军事理论家如克劳塞维茨、米切尔的比较研究等。研究视角主要是军事学的，涉及军事思想、战争原则、军事战略战术等多方面。在这种研究论述中个别人提到杜黑的军事技术、军事哲学（如罗纳德·布罗迪在《杜黑的遗产》一书中认为杜黑第一次发展了战略轰炸的系统哲学）和哲学观（如 Michael D. Pixley 在《空权战略是假信条吗?》一文中认为杜黑是技术唯理论者）。但是还没有人专门研究杜黑的军事技术思想，以及从哲学的、社会学的视角研究杜黑的军事思想、军事技术思想。

与国外研究相比，我国关于杜黑理论的研究和应用相对薄弱。1936 年，国民党中央陆军军官学校第一次翻译了杜黑的《制空权》，此后 1986 年、1992 年和 2005 年又由解放军出版社翻译出版。杜黑理论的研究专著主要有：《现代战争的制空权问题》《杜黑理论和空军》《开风之先的空权论——杜黑〈制空权〉浅说》《解读〈制空权〉》等。其他关于杜黑及其《制空权》的论文主要集中在《中国军事科学》《空军军事学术》《外国空军军事学术》等学术杂志上。这些研究主要由少数学者完成，研究方向则集中在：杜黑生平及经历；从军事角度介绍杜黑《制空权》的主要内容和时代意义。没有涉及杜黑军事技术思想的研究；没有分析国内外不同时期对杜黑不同评价的原因；没有从杜黑制空权理论分析军事技术革命和军事技术思想的关系的学术论文和著作。

## 二、杜黑军事技术思想的研究意义

杜黑的《制空权》是世界上第一部系统论述空中战争的军事著作。由于其理论大胆创新，具有创造性，他被西方誉为卓越的军事思想家和研究空军军事学术的先驱。杜黑与美国的米切尔、英国的特伦查德并称为世界“三大空军战略家”，而后两者都大量吸收了他的思想，米切尔因而被称为“美国的杜黑”。[1]杜黑的著述极大地冲击了传统的军事思想，对其后的军队建设、特别是空军建设，对其后的战争、特别是空中战争产生了革命性的持久的影响，战争实践越来越显现出他的理论的灿烂光辉和时代价值。因此，人们现在通常把杜黑看作是经典空军理论的代表人物，研究其思想必然有着重要的意义。正是杜黑为我们留下的宝贵军事思想遗产，为我们指明了进一步研究的课题方向。

首先，研究杜黑的军事技术思想，可以使我们全面而深刻地理解杜黑的军事思想。杜黑的《制空权》论述了关于军事技术革命将改变战争形态、建立独立空军、夺取制空权、集中使用空中力量、空中进攻等思想，这些思想一经问世，很快就引起了各国的普遍重视，对世界各国的空军建设、世界战争的形式乃至20世纪中叶世界和平的维持，都产生了极其深远的影响，具有划时代意义。因此，当代许多军事理论工作者把他的《制空权》与克劳塞维茨的《战争论》、马汉的《海权对历史的影响》并列为军事科研及军事工作者的必读书籍。杜黑的制空权理论也因此在世界范围内广泛传播，在军事领域引起了巨大的震动和经久不衰的研究。但是，目前杜黑军事思想的研究主要集中在制空权理论的学术思想方面，而对杜黑的军事技术思想研究却未能深入，这就会影响我们全面而深刻的理解、应用杜黑的军事思想。

其次，研究杜黑的军事技术思想，对我国空军的建设具有很强的现实意义。中华人民共和国成立后相当长的时期内，由于受苏联对杜黑理论持全盘否定或基本否定态度的影响，我们对杜黑理论的理解和研究，要么知之肤浅，要么识之偏颇，要么全盘否定。直到海湾战争、特别是科索沃战争后，我们才对杜黑思想有了普遍性的、与世界接轨的认识。这种情况在一定程度上影响了我国空军的发展，拉大了与世界空军强国的差距。在我国加强空军建设的新军事变革时期，系统客观地研究杜黑的军事技术思想具有很强的现实意义；新时期我军空军的建设不断取得新的进展，研究空军早期军事家的军事技术思想，对我空军的发展具有重大的理论指导意义。

再次，研究杜黑的军事技术思想，对我们打赢未来高技术战争具有指导意义。战争实践证明了杜黑理论的正确性。第二次世界大战以来的局部战争一步一步地验证了杜黑的理论。20 世纪 90 年代初的海湾战争，首次使杜黑预言的“空中战争”的雏形展现在世人面前，而科索沃战争则第一次完全由空中力量来完成，杜黑的“空中战争”的梦想在高技术时代终于成为现实。所以，研究杜黑的思想对我们打赢未来高技术条件下的局部战争具有很强的指导意义。

最后，研究杜黑的军事技术思想，也是军事技术哲学研究的需要。系统客观地研究著名军事家的军事技术思想是军事技术哲学研究的一项重要内容，对于军事技术哲学中各种问题的澄清，进而对于军事技术哲学体系的发展、完善有着重要的意义。

基于以上原因，我选择杜黑的军事技术思想作为研究课题，以便对杜黑的思想认识更深，应用更广。因为对杜黑军事技术思想的研究离不开对他的军事理论思想的研究，所以本书立足于杜黑的军事理论思想，从哲学和社会学的角度研究杜黑的军事技术思想。

## 三、杜黑军事技术思想的研究目的、内容

### （一）研究目的

为了全面梳理杜黑的军事技术思想、挖掘出杜黑的军事技术哲学思想、正确分析杜黑军事技术思想对我国新军事变革的影响。本书的研究目的如下：

第一，系统归纳整理杜黑的军事技术思想，填补关于杜黑军事思想研究中的一个空白。

第二，分析杜黑军事技术思想的特点，指出杜黑军事技术思想的影响，从而客观评价杜黑的军事技术思想。

第三，从哲学角度分析杜黑的军事技术思想，找出其内在规律，为我军军事理论的发展提供可能的借鉴。

第四，分析研究杜黑的军事技术思想对于推进中国军事变革的现实指导意义，为打赢高技术条件下的局部战争作好技术和理论准备。

### （二）研究内容

本书的主要研究内容如下：

第一，分析杜黑军事技术思想的形成。从航空技术的发展、航空器在战争中的应用实践、早期的空中战争理论等方面全面分析杜黑军事技术思想形成的各种历史因素，为研究杜黑军事技术思想的内容打下基础。

第二，全面梳理杜黑的军事技术思想内容。以军事技术为主线，从军事技术变革将改变战争面貌的思想、独立空军所涉及的军事技术思想到关于军用航空与民用航空的相互发展思想，全面系统地总结杜黑的军事技术思想。

第三，分析杜黑军事技术思想蕴涵的哲学思想。从科学技术哲学的角度，分析杜黑的军事技术思想的哲学意蕴，找出其普遍意义，为我国空军的发展提供理论支持。

第四，阐述杜黑军事技术思想的影响，并对其做出评价。从杜黑军事技术思想产生以来，对军事学术理论产生的影响、对各国军队建设的影响和对世界战争实践的影响等方面来研究杜黑军事技术思想，同时客观地评价杜黑军事技术思想的意义及历史地位。

第五，研究杜黑军事技术思想对推进中国军事变革的指导意义。

### （三）创新点

本书的创新点如下：

第一，从军事技术的角度研究杜黑的制空权理论，全面系统地归纳整理杜黑的军事技术思想，填补了杜黑军事思想研究的一项空白。

第二，从哲学和社会学的角度研究杜黑的军事技术思想，是研究方法的创新。

第三，从全新的视角重新评价杜黑的军事技术思想，摆脱了军事学研究的束缚，能够更深刻地理解、应用杜黑的理论。

# 第二章　探索技术的一生

杜黑对新兴科学技术具有浓厚的兴趣，并走上了一条探索研究空军理论的坎坷人生之路，他一心探求空军战略理论，走过了探索技术的一生。杜黑自幼就对科技读物非常喜爱，经常手不释卷，挑灯夜读，并立志继承父业，将来投笔从戎，以最新科技知识武装意大利军队。杜黑热衷于从科学技术的发展角度，探索军事技术和理论，无论在哪里，他都致力于科学技术与军事应用相结合。杜黑一贯对新事物抱有浓厚兴趣，在他历尽坎坷的军旅生涯中，凭借其深厚的科技知识和军事知识功底，以其非凡的聪明才智和执着顽强的探索精神，为我们开创了不朽的军事新天地。作为一个智者，一个军事战略领域的先知，杜黑还具有为民族强大而献身的勇气，他经历了人生苦难但又坚决不放弃执着信念，成就了其旷世杰作《制空权》。1930 年 2 月 15 日，杜黑走完了他 60 年的曲折人生历程，放下了那支描绘人类未来战争的笔，留给世人宝贵的精神财富。

## 一、杜黑学习科学技术的经历

1869 年 5 月 30 日，朱里奥·杜黑出生于意大利南部那不勒斯附近的卡塞塔镇。他出身于军人世家，家中的几代人都服务于萨优依王室。因此，家族的熏陶使杜黑从小就立下了从军报国的志向，为他终其一生的军旅生涯打下了根基。优越的家庭条件使杜黑从小就受到严格的学校教育。小时候的杜黑对科技知识有着浓厚的兴趣。他特别喜欢科技读物，并且经常自己动手搞些小制作。父亲给的零花钱都被他换回了各种各样的最新科技读物。15 岁时，他迷上了军事，并立下志向，长大后要成为一个掌握最新科技知识的军官，为自己的祖国服务。

中学毕业后，杜黑参加了意大利陆军，随后考入当时科技含量最高的炮兵工程学校，开始步入军事科学的殿堂。由于他学习刻苦，成绩突出，1888 年他以全班第一名的优异成绩，完成了学业、并被直接授予陆军中尉军衔，时年 19 岁。

19 世纪下半叶，欧洲社会进入了一段短暂的和平时期，产业革命在主要资本主义国家迅猛发展，科学技术特别是工程技术革新层出不穷，各种新兴科技不断涌现。时代赋予了求知欲强、兴趣广泛的杜黑成才的良机。他深受时代变革的影响，不仅认真学习军事课程，而且热衷于工程技术，特别关注先进技术在军事上的应用。为了系统学习先进的工程技术知识，炮兵学校毕业不久，杜黑就报考了都灵工程学院，学习高级电工技术课程。由于他天资聪明，勤奋努力，勇于钻研，不仅学习成绩名列前茅，而且他的学位论文《旋转磁场发动机的设计》的创见性，受到院方和专家的首肯，并被选入该院的教科书，成为这一领域研究的专著，足见杜黑过人的才华。

都灵工程学院毕业后，他对汽车及其运行进行了认真的研究，并运用自己的已有知识，对汽车的动力和造型提出了很多有益的建议。不久，杜黑被调到斯贝齐亚工作。在那里，杜黑奉命对有关低温的问题作了认真的研究。他凭着自己对技术问题的浓厚兴趣，废寝忘食，埋头苦干，提出了当时认为是了不起的见解，被推选为出席在法国巴黎召开的国防低温会议的代表。这时，年轻的杜黑已经在军中小有名气，不少搞技术的人遇到难题，都要找杜黑商讨，法国索邦大学还请杜黑作了“以液化法分离氧气和氮气”的专题学术报告。

杜黑在工程技术领域的学识和长于最新科学技术的研究兴趣，为后来他热衷于新技术的发展和运用，特别是追踪航空技术的兴起和在军事领域的运用，奠定了良好的基础。

杜黑从都灵工程学院毕业后，作为一名有发展前途的青年军官被选送到意大利陆军学院学习，从此又开始了更高层次的深造。学习中，他特别注重战略战术理论的学习和研究，并取得了优异的成绩。从技术、战术到战略理论知识的学习，全面丰富了杜黑的理论素养，在军事科学的领域里，他取得了全面施展自己才华的必备的知识。陆军学院毕业后，杜黑曾被派到陆军许多岗位工作，他把所学的丰富的理论知识与军事实践相结合，不仅取得了出色的业绩，也开始显露其军事领域的才华。因此，很快就被调到陆军参谋部工作，并晋升为上尉军衔。在统帅部工作的经历，对杜黑日后关注国家和战争全局，善于从战略高度研究考察问题产生了很大影响。在此期间，杜黑还十分关注新科学技术在军事领域的运用，不断发表很有见地的新观点、新见解。1901—1904 年的 4 年时间里，他在各种场合发表了一系列有关机械化与陆军作战的演讲论文，如《从军事观点看机械化》《重型机械与军事机械化》《军用重型车辆驾驶手册》等，充分反映了他热衷于从科学技术的发展角度，探索军事未来的科学态度。也许正是因为杜黑的这种积极探索精神及卓越的才能，才被任命为意大利摩托营第一任营长，并晋升为少校军衔。

## 二、杜黑的军旅生涯

杜黑始终对新事物抱有浓厚的兴趣，正是如此的兴趣促成了其后来的空军理论和成就。1908 年 5 月，杜黑第一次看到了飞行表演，这次偶然的事件成为他人生的转折点。从此，他与航空结下了不解之缘，步入了为之奋斗终生的空中战争理论和空军军事学术研究。

在当时的意大利军队中，对军事航空的态度立场存在着“飞艇派”“飞机派”两种对立的观念。“飞艇派”认为，飞行器不过是陆军的“眼睛”，只能完成侦察、炮兵校射等作战行动的辅助任务，因而飞艇代表着飞行器的主要发展方向。“飞艇派”是多数派，特别是在军队高层中有很大影响。处于少数派地位的“飞机派”则认为，飞机将开辟未来战争的新领域，必须大力发展以飞行队为主的军事航空力量。在看了那场“蹦蹦跳跳”的飞行表演后仅一年左右，杜黑就成为意大利军队中“飞机派”的著名代表人物。他积极宣传飞机在军事上的巨大潜力，在报刊上撰写文章呼吁大力发展飞机，极力主张设立军事航空领导机构，组建一支军事航空部队。在杜黑等人的不懈宣传鼓动下，1910 年，意大利陆军部决定装备飞机，在特种大队内组建了一个只有十几架飞机的航空分队，由特种大队直接指挥。

1911 年 9 月，意大利发动了对奥斯曼帝国的意土战争，意军飞机和飞艇均参加了作战行动，开创了世界空中作战史上的先例。这次战争对意大利乃至整个欧洲都产生了极大影响，战后不久，意大利陆军成立了航空督察处，掌管全国的军事航空事务，下设一个飞机试验中心，一个工程兵特种营（即先前的特种大队）。不久，工程兵特种营改名为航空营。1912 年杜黑向陆军部递交了一份关于航空兵的研究报告（通常称之为“杜黑报告”）。杜黑在这篇报告中详细论述了组建空军的必要性以及空军的组织结构、飞机和人员的数量等。这篇报告中的几乎所有结论后来都为陆军部所接受，并成为意大利空军建设的基本框架。由于杜黑在军事航空方面的远见卓识，1912 年，意大利政府任命他为航空营第一任营长，晋升为中校军衔。

杜黑担任航空营营长的时间并不长，仅仅两年时间。在这短短的两年期间，他满腔热忱地投身于意大利军事航空事业的发展。1913 年，杜黑为意大利军事航空制定出第一个《飞机作战使用概则》，对飞行训练作战使用等军事航空的基本问题作了明确规定。《飞行作战使用概则》的一些内容遭到传统保守力量的反对，陆军总参谋部在审查时删去了一些内容，将其中提到的“兵种”一词统统删去。但这项开拓性的工作对航空营的建设却起到了非常重要的作用，保证了意大利军事航空产生伊始就步入了正轨。对工程技术颇有研究的杜黑深知，航空技术的革新是推动意大利军事航空发展的关键，他密切关注着航空技术的发展。1913 年，意大利著名飞机设计师卡普罗尼向杜黑提出了研制一种有三台发动机的轰炸机的设想，杜黑对这一建议充分肯定并给予大力支持。设计工作完成后，陆军部以意大利技术力量不够、该机的军事价值不大和经费缺乏为由，拒绝研制三发轰炸机。杜黑力排众议、坚持己见，亲自主持研制工作。1914 年 11 月，意大利第一架三发轰炸机——卡普罗尼—300 重型轰炸机终于研制成功。但是，保守的陆军部并不相信这种新型飞机的卓越性能和实战威力。杜黑多方奔走，到处游说，陆军部对批准制造三发轰炸机的报告仍然无动于衷。法国得知意大利研制出了卡普罗尼—300 型重型轰炸机的消息后，立刻表现出浓厚的兴趣，此时，意大利陆军部才勉强承认了这种三发轰炸机的军事价值，批准了杜黑的报告。1915 年 8 月，意大利终于生产出 40 架卡普罗尼—300 型重型轰炸机。在航空营工作期间，杜黑与保守势力的对立冲突到了无法调和的地步。陆军部以及航空督察处的强大保守势力无法容忍杜黑，极力将他排挤出军事航空部门。不久，杜黑被调到米兰师任参谋长。杜黑离开了航空营，但他两年的心血没有白费，他卓有成效的工作为意大利军事航空的发展打下了良好的发展基础，在 1914 年第一次世界大战爆发时，意大利已拥有飞机 153 架飞行员 175 名，飞机和飞行员的数量分别居世界第四位和第三位。

1915 年 5 月，意大利对奥匈帝国宣战，正式卷入了第一次世界大战。杜黑随米兰师走上了战场。战争初期，双方投入重兵集团进行残酷的大规模地面厮杀。米兰师是一支山地步兵部队，参加了在伊松佐河的山地进攻战役。意军装备落后，军事素质差，士气低落，军官指挥无能，作战中伤亡惨重。在伊松佐河地域对奥匈军队发起的 4 次进攻行动中，除第一次进攻取得了一定的战术胜利外，其余 3 次进攻都遭敌猛烈反击而受挫，整个意大利军队伤亡人数高达到 28 万余人。作为米兰师的参谋长，身处前线的杜黑目睹了这切，他的心被意军的失败刺痛。他断定，这样下去除了付出惨重的代价外将一无所获，必须改变作战指导思想和作战方法。他向意军统帅部建议组建一支由 500 架卡普罗尼重型轰炸机组成的航空兵部队，对奥匈帝国实施猛烈的轰炸以取得决定性的胜利。他还严厉地批评意大利军事当局的指挥失误，锋芒直指意军高层人物。杜黑的举动触怒了意军统帅部，1916 年 9 月 16 日，杜黑被解除职务，送上军事法庭。10 月 14、15 日，意大利军事法庭认定杜黑犯有泄露军事情报罪，判处一年监禁并罚款 170 里拉。直到 1917 年 10 月 15 日，杜黑才获释出狱。出狱后不久，杜黑被任命为意大利陆军航空局技术勤务处处长。杜黑并没有因遭受打击而消沉，他坚持信念，毫不妥协。在发展航空武器等重大问题上，杜黑再度与上司产生了严重的意见分歧，他深感军队中保守势力强大，自己不能坦率地表达自己的观点，难以施展抱负，决意离开军队。1918 年 6 月 4 日，杜黑辞去处长职务。但是，他并没有因为离开军队而放弃自己的追求，仍密切关注着意大利和整个欧洲的军事航空的发展，更加坚定了创新军事学说的信念。

1920 年 11 月初，意大利军事法庭开庭审议杜黑的上诉。法庭推翻了对他的错误判决，意大利军事当局公开为杜黑平反。其实，战争中意军的失败早就证明了杜黑遭受的冤屈。意军统帅部发现，早在 1916 年杜黑就陈书内阁成员，不仅准确地预见了战局的发展，而且提出使用大规模空中力量的正确方法。他一再批评的意军指挥失误也被 1917 年 10 月底的卡波雷托夫失败证实。1917 年 10 月 24 日—11 月 7 日。德奥联军在卡波雷托夫突破意军防线。是役，意军指挥官判断失误指挥混乱，意军遭到有史以来最大的一次失败，死亡约4万人，另有60万人被俘或溃散，全国上下震惊。意大利政府下令调查战败原因，调查结果表明，意大利陆军失败的原因正是杜黑下狱前一再批评的军事当局指挥失误。有鉴于此，在大战结束后，意大利军事当局为杜黑平反，肯定了杜黑为国家利益不惜牺牲个人利益的献身精神。从此，意大利社会、军队对杜黑的看法发生了很大的转变。在此期间，辞去军队职务的杜黑将自己多年来发表的关于航空问题的文章进行了系统的整理。1921年，在意大利陆军司令迪亚斯和陆海军部的支持下，《制空权》一书正式出版发行，杜黑的思想终于得到了承认。同年，意大利陆军邀请杜黑重返陆军，授予其少将军衔。

第一次世界大战结束后，意大利社会出现严重危机，法西斯政治势力空前活跃。杜黑加入了意大利法西斯党，成为意大利军界中著名的政治人物。1922年，意大利法西斯党发起了“向罗马进军”的活动，攫取了意大利政权。杜黑以将军的身份参加了这次活动。墨索里尼执政后，为了感谢杜黑的支持，邀请他参加新政府，担任意大利航空部部长职务，几个月后，杜黑就厌倦了烦琐枯燥的行政事务，辞去航空部部长职务，专心从事空中战争理论和空军学术的研究和著述。此后，他发表了大量著作，不断发展和完善自己的思想。1927年，《制空权》再版，杜黑作了增补，对书中原有的观点做了进一步的阐述，并提出了一些新的观点。1928年4月，他发表了《未来战争的可能面貌》一书。1929年11月，在《航空技术杂志》上发表了《扼要的重述》一文，针对意大利出现的有关军事航空方面的争论，阐述了自己的观点和立场，进一步强调了建立独立空军的重要意义。1930年3月25日，就在他去世的一个月后，意大利《航空技术杂志》刊登了他的绝笔《19××年战争》，这篇论著以叙事的形式形象地反映杜黑对未来战争的展望。1932年，意大利将杜黑的主要著作《制空权》《未来战争的可能面貌》《扼要的重述》《19××年战争》汇编成一部书。

从20世纪30年代开始，《制空权》在世界广泛流传，杜黑的理论对现代空军建设、空中力量使用以至于现代战争产生了深刻而广泛的影响，世界公认他是第一位系统、全面阐述空军建设、空中力量使用和创立制空权理论的军事理论家，杜黑被誉为“空军战略之父”。

## 三、杜黑的探索精神

20世纪初，在航空时代来临之际，杜黑洞察了军事领域正在孕育的变革，准确地预见了人类战争的发展趋势。从他深邃的目光投向陌生而寂寥的天空的那一刻起，他便以果敢的勇气突破了传统的思维观念，开拓了人们认识的新领域。创新是杜黑思想的灵魂，杜黑正是凭借着勇于开拓顽强探索的精神，站在了时代的前列，创立了空中战争理论，打下空军军事学术研究的基础。

1908年5月杜黑首次看到的飞行表演，是法国著名飞机设计师加布里埃尔·瓦赞和飞行员莱昂·德拉格拉热到意大利罗马进行的一次不成功的飞行表演。正当表演开始时，大气骤变，刮起了狂风。面对众多热情的观众，飞行表演不能取消，德拉格拉热只好驾驶飞机顶着狂风起飞，简陋的飞机在狂风中就像支弱不禁风的风筝。飞机起飞后，勉强离开地面1米高，只在“草地上蹦蹦跳跳了几下”，就完成了并不成功的飞行动作，观众们感到被愚弄了，现场一片愤怒，警察动用武力才将两名飞行家安全护送到住地。这就是杜黑首次看到的飞行表演的情景。他看到的只是飞机在“草地上蹦蹦跳跳”，但是并未像常人那样对飞行失败一味地抱怨责难，而是以科学的态度审视他看到的一切，从中意识到了这一新生事物的前途，对此产生了深厚的兴趣。观看了这次表演后，熟谙工程技术的杜黑从中得到了启示，他坚信“虽然这种新的航空手段现在仅能离开地面几米，但很快它将能飞上几千米高的蓝天，并能飞越到千里之外”。

飞机诞生仅仅几年，杜黑便对飞机的发展潜力有了非常透彻、深刻的认识，他的观点在当时可以说是超凡脱俗，不仅在意大利，就是在整个西方社会、军界都是如此。在飞机诞生地的美国，主管军事航空的陆军通信兵司令詹姆斯·艾伦将军也对飞机在军事方面的运用表示怀疑。他认为：“任何一种飞行器的军事用途仅仅只是进行观察和侦察”“速度大的飞机对投掷爆炸物是不适宜的”“越过敌人工事至少要离地1 000米以上，在这样的高度上以每小时50公里的速度飞行，即便经过大量练习，投掷的准确性也不会近于距目标1公里。”他肯定飞机的作用不会超过飞艇。大名鼎鼎的近代军事思想家、法国元帅福煦在当时飞机的作用问题上也同样缺乏远见。1910 年他看到飞机后，竟然得出“飞着玩，用于体育运动可以，但军事上没有使用价值”的结论。相比之下，杜黑的认识已经突破了那个时代的思维定式。在此情况下，坚持自己的观点、积极宣传新思想，无疑需要非凡的勇气。然而，杜黑的追求并没有停留于此，他将航空技术的发展与战争的变革紧密地联系起来，进行了更广泛、深入的研究。1909 年，杜黑就写出了关于军事航空的第一部论著《航空问题》，首次较为详尽系统地提出了自己对未来军事航空的地位、作用、发展潜力等一系列观点。此后，他始终以饱满的热情关注航空技术的发展。在担任意大利陆军航空营营长职务以后，杜黑开始直接从事军事航空工作，这段经历不仅使他获得了许多宝贵的直接经验，更增强了他的历史责任感和高度的事业心。为了推动意大利军事航空事业的发展，他不懈地宣传鼓动，极力向社会、政府和军队呼吁。在担任航空营营长的短短两年时间内，杜黑把满腔的热情投入到了意大利军事航空这一开拓性事业之中。

任何新观念新思想的产生和发展不仅是意味着开拓、创新，更是与传统观念保守思想的冲撞、斗争。杜黑在空中战争理论、空军军事学术思想的创立过程始终经历了与保守思想的冲突、对立，这导致了他一生的坎坷、曲折，但他从没有因此屈服、气馁。杜黑满怀探索未来的执着信念，勇敢地面对保守思想的挑战。从担任意大利航空营营长一职到 1921 年《制空权》一书正式出版的近 10 年时间里，杜黑接连遭受种种打击。意大利陆军部高层和航空营的顶头上司极力排斥、压制杜黑，以至于将他排挤出军事航空部门，将他调到步兵部队，企图彻底消除他在新兴的军事航空部门的影响。但是杜黑并没有保持沉默，即便是离开了航空营，他一刻也没有忘记意大利的航空事业，始终密切关注着军事航空的发展。即便身处逆境、甚至身陷囹圄的时候，他仍然坚持大无畏的科学勇气，追求理想的执着信念始终不灭、以高度的历史使命感和责任感抓紧时间研究。蒙冤入狱后，他心系国家安危，在狱中利用一切时间给政府和军队的当权者写信，陈述自己对发展意大利军事航空的建议。同时，还撰写了许多关于空中力量运用的学术论著，1917 年，他在狱中，完成了一篇题为《大规模空中进攻》的论著，他在书中提出了战略轰炸的观点。就在出狱的前几天，他还给意大利内阁写了一封长信。建议组成一支统一的协约国航空兵部队攻击敌人国土。

杜黑执着的信念没有在坎坷中泯灭，更不为名利所动摇。《制空权》公开出版后，杜黑的思想终于被意大利政府、军队、民众承认和接受。他没有陶醉在功成名就的喜悦之中。他仍然向人们大声疾呼："胜利向那些能预见战争特性的人微笑。在这个战争样式迅速变化的时代，谁敢于先走新路，谁就能取得新战争手段克服旧的手段带来的无可估量的利益。"杜黑在功成名就后高官厚禄没能使他探索的脚步停止不前。为了不断发展完善自己的理论，杜黑在担任意大利政府航空部部长后仅仅几个月，便辞去了职务，全身心地投入到空中战争理论和空军学术思想的研究中去。直到去世前，他还撰写了《19××年战争》，对未来战争进行了大胆的预测。

杜黑准确地把握了20世纪军事实践的时代脉搏，开创了军事理论发展的新时代。战争实践证明，他不愧为空军军事理论的先驱者，他的思想经受了半个多世纪的考验，至今为世界许多国家空军建设、作战所借鉴。《制空权》以其宝贵的学术价值在空军学术中占有极其重要的地位。

# 第三章　杜黑军事技术思想的形成

任何一种学说、思想的出现都不是凭空的，它的形成、完善和发展都有一定的历史背景和主客观条件。军事学说、军事思想来源于战争实践和武器装备革新，又会推动战争理论和军事技术的发展。19世纪下半叶，欧洲社会进入了一段短暂的和平时期，产业革命在主要资本主义国家迅猛发展，科学技术特别是工程技术革新层出不穷，各种新兴科技不断涌现。由于新兴科学技术的发展，在第一次世界大战中，出现了初期的机械化战争，飞机、潜艇、坦克、小口径速射武器、毒气弹、燃烧弹等新武器投入了战场，并发挥了重要作用。出生于有着悠久航空探险传统国度的杜黑，亲自参加了战争，非常清楚这些新式武器的军事价值和对战争面貌的革命性影响。

意大利航空探险的历史传统是杜黑军事技术思想形成的历史基础；早期飞机技术的不断发展是杜黑军事技术思想形成的技术基础；空中战争实践中形成的早期空中作战理论是杜黑提出系统的军事技术思想的理论基础：最终，杜黑在亲自参加战争实践后，经过系统的总结形成了自己的军事技术思想。

## 一、杜黑军事技术思想形成的历史基础

杜黑出生的祖国意大利是个有着悠久航空探险历史传统的国度，翱翔蓝天曾经是意大利民族几百年来息息不止的追求。

意大利有三个非常著名的、令他们引以为豪的航空探险先驱。一个是我们非常熟悉的欧洲文艺复兴时期的著名画家达·芬奇，他曾经苦苦地探索人类飞行的奥秘，曾利用生物学知识解剖了无数的飞禽，通过研究鸟类

飞行原理寻找解决人类飞行问题的答案。他甚至大胆地梦想，在人身上安装像鸟一样的飞翼来实现人类的飞行梦想。1446 年，达·芬奇设计出几种扑翼机，后来还研究螺旋桨理论。1490 年，他设计绘制出垂直起落机。1503 年，达·芬奇参观了一次滑翔飞行表演，从中受到启发，开始研究滑翔机，并设计、绘制了滑翔机的图样。他“希望由此飞行，而赢得永久的光荣”。[2]17 直到逝世前，他还念念不忘飞行。

另一个意大利人弗朗切斯科·拉纳·德·泰奇尔，他早在 1670 年，就对尚未制造出的以机器推动的航空器用于未来战争的情形，作了绘声绘色的描述：成群的航空器在城市上空飞行，投掷大量武器以攻击下方没有防御能力的市民。[3]155

还有一位是意大利著名的航空探索先驱 G. A. 博普利。1680 年他撰写了《运动的动物》一文，探讨了人类肌肉与飞行的关系，阐明了人类生理上的局限性，确认“人类靠自己的体力作灵巧的飞行是绝对不可能的”。他的正确论断在航空探险史上具有非常重要的意义，它使人类摆脱了幻想，使人类探索天空的步伐大大向前迈进。

正是意大利航空探险的历史传统、意大利人大胆的设想和独创性的思想激发了杜黑的灵感，使杜黑在飞机技术不断发展的基础上著书立说。

意大利是最早将飞机用于作战的国家。1911 年 9 月，意大利为了占领土耳其北非省份的黎波里的塔尼亚和昔兰尼加，发动了对土耳其的战争。意大利陆军第 1 飞机连参战，开创了空中作战的先例。

战争爆发时，意大利组建了一个拥有 20 架军用飞机、32 名飞行员的飞机连。而土耳其当时连一架飞机也没有。因此，飞机在这次战争中的运用规模小、任务十分简单。主要行动有：1911 年 9 月 25 日，意大利派出 9 架飞机和 2 艘飞艇参加战斗。10 月 23 日，意军皮亚扎上尉驾机飞往的黎波里与阿齐齐来之间的土军阵地上空进行空中侦察。25 日，副队长莫伊佐驾机侦察，在空中发现了一处土军营地，但他的机翼在这次侦察中被来复枪子弹击伤，这是飞机首次遭到地面火力杀伤。11 月 1 日，意军加沃蒂少尉驾机向土军阵地投下了 4 颗各重 2 千克的榴弹，这种只比橘子稍大一点的球形炸弹威力并不大，但却是有史以来第一次空中轰炸。意土战争还开创了空中作战的其他一些先例。无线电的发明人马可尼亲自参加作战中的无线电实验，第一次用地面电台向飞机传送无线电信号。1912 年 1 月 10 日，意军飞机向土军投撒了几千张传单进行心理战。2 月 23 日，皮亚扎上尉成功进行了空中照相侦察的尝试，开创了飞行空中照相的历史。1912 年 5 月，意大利向战区增调了 35 架飞机。5 月 2 日，马连戈上尉首次进行了为时 30 分钟的夜间侦察。六天后，他在黎明前向土军基地投了数枚炸弹，进行了首次夜间轰炸。8 月 25 日，彼德罗·曼赞尼少尉驾机巡逻，坠海丧生，发生了空中作战史上最早的伤亡事故。9 月 10 日，意军飞机迫降，飞行员被土耳其军队俘虏。

意土战争中，飞机的实战效果并不大，但对没有飞机的土耳其产生了极大的心理影响，也震撼了欧洲各国。意土战争的空中作战行动初次显示了飞机的威力，展示了未来空中战争的雏形，各国非常重视研究这次战争中空中作战行动的经验教训，进一步改进飞机性能，加紧组织航空队的训练。这次战争对于密切关注军事航空发展，正在着手构建空中战争理论的杜黑有着重要的影响，在战前，他就曾极力主张派遣飞机参战。

## 二、杜黑军事技术思想形成的技术基础

从气球首先在军事中的应用开始，到气球的改进出现了飞艇，再到飞机的出现和军用化，这些早期航空技术的发展为杜黑军事技术思想的产生奠定了技术基础。

首先，气球在战争中的运用推动了军事航空的发展。1783 年 6 月 4 日，法国造纸工人蒙戈尔菲埃兄弟制作的热空气气球成功升空，揭开了航空史上崭新的一页，人类终于实现了升空的理想。不久，意大利和欧洲其他一些国家也成功地进行了气球飞行。气球问世后，人们便开始将其用于军事，使其在空中侦察、通信联络、校正炮射等方面发挥了作用。1793 年，法国专门设立气球部，负责制造、装备和维修系留气球。次年，法国成立了世界上第一个气球侦察分队，并在同年的第一次反法同盟战争中担负军事观察和侦察任务。美国南北战争期间，南北双方都使用了侦察气球，北方甚至在华盛顿和气球之间建立了电报线，使华盛顿能直接得到侦察报告。1870 年至 1871 年的普法战争中，在巴黎被围的情况下，法国成功地运用气球与

外界取得了联系，将极其重要的公文急报传递出去。这一时期，人们看到了气球的军事价值和发展前途，纷纷将气球作为侦察、校射等作战保障的辅助手段，建立气球的专门管理机构和部队。

其次，气球的改进出现了飞艇。实践表明，气球由于无法控制飞行，用于战争有极大的局限性，特别是不能当作进攻性武器，为了控制飞行，需要制造一种可操纵的气球。于是人们在气球的基础上改变了气球的形状再加上了动力装置，做成了飞艇。其动力装置由最初的蒸汽机发展到后来的汽油发动机。在1900年，硬式结构的真正的飞艇问世。第二年，有人驾驶小型飞艇成功地做了一次围绕巴黎埃菲尔铁塔的飞行。1903年，勒博迪兄弟造出世界上第一艘真正实用的飞艇，一次能够飞行60公里。以后取得巨大成功的是出生在德国的冯·齐柏林，他制造的齐柏林飞艇在一次飞行中，两个小时内飞行约100公里并安全返回基地。飞艇被用于军事目的，成为一种兵器的作用很快就表现出来了。1911—1912年意土战争期间，意大利最早把软式飞艇用于军事目的。第一次世界大战中，德国军人于1915年1月驾驶着“齐柏林”号飞艇对英国进行了袭击。在整个第一次世界大战中，各国共制造了400多艘飞艇。

再次，滑翔机的发展使人类航空活动向前迈进了一大步。早在19世纪初，英国航空科学家凯利发表了《关于空中的航行》，在文中首次提出了固定翼飞机的设计概念，在理论上为后人研制飞行器提供了有益的启示。1849年，他研制了一架新的载人滑翔机，带着他的马夫飞出去了几百米，但由于当时没有足够功率的动力装置，无法实现动力飞行。1891年，德国人李林达尔设计并制成一架滑翔机，他试图在滑翔机上安装发动机，实现动力飞行，最后因滑翔机失事而遇难。同年，美国土木工程师沙尼特出版了《飞行机的发展》一书，深入探讨了滑翔机的原理和设计等，1896年，他在李林达尔双翼滑翔机基础上做了大量改进，成功飞行了几百次，飞行距离达到了几百米。

最后，飞机的出现和飞机的军用化。真正意义上的飞机的诞生、实现可操纵动力飞行，是和美国莱特兄弟的名字分不开的。莱特兄弟吸取前人的经验，最终取得了突破。1903年12月17日，莱特在一架重于空气的飞行器“飞行者”号上进行了世界上第一次有动力和可操纵的持续飞行。两年后，他们造成了一架能够停留在空中半个小时的飞机。飞机等飞行器的发明、发展和应用，推动了空气动力学、飞行力学由经验摸索到理论形态的发展。反过来空气动力学、飞行力学的形成和发展，又使得飞机等飞行器的研制，由经验摸索发展到了科学设计制造的新阶段，为飞机等飞行器性能的完善、提高，提供了可靠的理论保障。随着飞机设计、制造技术的提高，军方对飞机产生了兴趣，并开始订购飞机。1909 年，美国陆军装备了第一架飞机。同年制成 1 架双座莱特 A 型飞机，用于训练飞行员。1911 年，飞机在意大利和土耳其的战争中首次参战，开创了空中作战的先例，为杜黑军事技术思想的提出准备了技术基础。

## 三、杜黑军事技术思想形成的理论基础

在空中力量由气球、飞艇发展到飞机以及它们在军事上得到应用以来，人们就结合具体作战实践，逐步总结和摸索出一些新的作战方法和原则，同时根据其性能也预测到飞机技术将对后来的空中战争理论和空军军事学术产生影响，这些论述成了空军早期学术思想的萌芽，同时也为杜黑军事技术思想的形成提供了理论基础。

1783 年法国人发明气球之后不久，英国陆军少将莫尼在 1785 年曾两次乘气球升空。当时就有人在德国军事杂志上撰文指出，哪个国家首先占领和控制天空，哪个国家就将处于世界霸主的地位。[4]17 这是最早出现的制空权思想。在飞艇被用于军事目的的过程中，人们就对制空权的内涵有了一些初步的认识。[2]42 1895 年波兰人波里约克撰文，预测飞艇将很快用于对地轰炸，战争将增加新的一维空间。

飞机问世不久，在杜黑 1909 年预测到空军的诞生并论述了空军的重要性之前，就有一些有识之士预见到将出现新的战争样式和战场。1906 年，当欧洲第一架飞机升空后，英国报界权威洛德·诺思克利夫就曾感慨地说："成为新闻的不是人类能飞行，而是英国不再是个岛国了。"[4]18 有远见的英国作家 H·G·韦尔斯在 1908 年写了《空中战争》一书，他在书中预言：各国的空中力量将使战争的进行及战争的社会结果发生彻底变革。他断言，空中战争将成为"全面游击战争，一种使所有平民、家庭以及社会生活的

一切机构都不可避免地卷入进去的战争”。[4]18 1909 年当法国人 L·布来里奥首次飞越英吉利海峡后，H·G·韦尔斯又直言不讳地说：“从军事观点来说，就是不用舰队，英国也不再是一个难以接近的岛屿了。”[4]18 这些论述虽然说不是很全面，但他们能够从刚刚诞生的新技术——飞机身上看到它的军事价值，并预测将由此引起军事领域的革命性的变化，的确是有远见卓识。这些思想为后来杜黑提出飞机将引起战争形态的革命性变化提供了理论基础。

在第一次世界大战短短的 4 年时间里，空中力量的迅速发展及在战争中的大量使用，迫切需要军事理论对空中作战的经验教训予以总结，以便指导面临的战争实践。所以，在大战中，人们结合具体作战实践，逐步总结和摸索出一些新的作战方法和原则，尽管并不系统、完善，但是为后来的空中战争理论和空军军事学术奠定了基础。

第一，初步形成了制空权的概念。早在飞艇被用于军事目的时，人们对制空权的内涵就有了一些朦胧认识。1893 年，英国工程兵少校富勒尔顿在芝加哥的一次学术报告会上就提到了“制空权”一词。他提出：“航空对战争的影响不亚于火药。未来战争将可能由空中开始。制空权将可能是陆地和空中战争的重要前提。”1908 年，航空先驱兰切斯特工程师也论述了制空权的重要性。他说：“在不久的将来，制空权对英帝国的安全至少将和制海权同等重要。”重视军事航空的英国就将早期的理论研究应用于指导实践。在第一次世界大战前夕的 1914 年 6 月，英国就在其飞行队手册中指出：“不应指望飞机将能不受阻拦地履行职责。在战争中，必须通过战斗去夺取有利条件；航空侦察是如此重要，因此任何一方都将尽力阻止对方进行航空侦察。”

随着歼击航空兵的出现，空中对抗日趋激烈。歼击航空兵的主要职能就是搜寻、攻击和消灭敌机，制止其在战场空域的作战行动，保障己方飞机和气球、飞艇在战场上的行动自由。到了大战末期，歼击航空兵不断壮大，占交战国空军航空兵兵力的 40.4%，成为夺取制空权的主要力量。夺取制空权的作战实践进一步深化了人们对制空权的认识，丰富了制空权的内涵。美国著名航空科学家亚历山大·格拉罕·贝尔于 1916 年 4 月明确提出：“在可以预见的不久将来，海上陆上力量的重要性将让位于空中力量。

能够控制天空的国家将在实际上控制世界。”当时任英国军需大臣的丘吉尔在1917年10月21日的备忘录中指出：“从空中攻击交通线和基地，一定会影响地面的主要战斗。空中优势为这种攻击提供了可能。”“真正控制了天空，各种活动都将容易展开，现在不能在战场上使用的各种飞机都可以大显身手。大批士兵可以从空中运向战区各要点附近。‘空中纵队’还可以到敌人深远后方活动，迫使敌人分散前线的防御力量，最终导致敌人军队溃败。”在总结与德国进行空战的经验教训后，法国在1918年3月颁布了航空兵组织机构和使用规定，指出歼击航空兵担负两项基本任务，即搜索敌机，以便攻击和消灭之，至少制止其行动，保障己方的飞机和气球在战场上的行动自由。各国都不约而同地强调要保证己方空中作战的行动自由，同时压制、阻止敌方的飞行活动。这些对制空权的认识与杜黑的制空权定义本质上是一致的。

在第一次世界大战期间，通过作战实践，一些军事家总结出制空权的特点，认识到制空权的相对性，认为在时间和空间上不可能保持绝对的空中优势。针对制空权的这一特点和飞机的作战效能，他们提出了不稳定空中优势理论。认为即使歼击机数量上明显超过敌机，空中优势也只是暂时和局部的。只有在整个战线的主要突击方向上有数个歼击大队时，空中优势才能保持数小时。在次要战线上，必须有航空兵独立支队可供使用，而且要在机场待命。它们或者根据防空的要求投入战斗，或者由航空兵大队长决定投入战斗。在主要方向上，应全力以赴地去夺取空中优势，以使己方的飞机能活动，以及保障己方的地面军队免遭空袭。

第二，初步总结出空中作战的基本原则。在第一次世界大战的实践中，制空权对陆地和海上作战的重要作用逐渐为人们接受，把夺取制空权作为航空兵运用的首要原则基本成为共识。战争期间指挥了英国驻法国的全部航空兵部队作战的特伦查德将这次战争中对航空兵的运用概括为4条原则：取得并保持制空权；摧毁敌人在本土的生产手段和交通线；排除敌人干扰，把战斗坚持下去，亦即保证增援部队和补给品不被敌人切断；使敌人不能为其陆海空军集结足够的补给品。在这4条原则中，夺取制空权被放在首位，成为一条最重要的航空兵运用原则。

确立了航空兵作战中集中使用兵力的原则。随着空中力量的发展，空中作战的规模越来越大，为了夺取空中优势，保持战场空域的制空权，要求航空兵必须集中使用和统一指挥。集中使用航空兵，可以保证在主要作战方向和重要战役的空中优势。在当时的航空技术条件下，飞机性能简单，质量、作战效能差距不大，航空兵兵力优势主要通过数量规模体现。在第一次世界大战中的许多重大战役，作战双方往往在战役准备阶段，尽量集中飞机，以保证航空兵在数量对比上获得优势，奠定夺取制空权的基础。集中使用航空兵还可以在总兵力对比处于劣势的情况下，获得局部优势，取得局部胜利。1918 年，协约国的空军力量强于同盟国的空中力量，英国防区是 1 255 架对德国的 1 020 架，在法国防区约为 2 000 架对 470 架。为了扭转这种不利局面，德国在最需要的地方集中使用航空兵，因此获得了一些局部优势，甚至在 1918 年 3 月，德军获得一定时间的空中作战的战略主动权。1918 年 3 月，德军发起皮卡迪进攻作战行动，运用航空兵集中使用的原则，以约 1 000 架对 500 架的兵力优势，第一天就取得了制空权。在圣米耶尔战役中，协约国集中了空前规模的航空兵，在美国著名空权论者威廉·米切尔的指挥下，协约国集中了 701 架歼击机、323 架昼间轰炸机、96 架夜间轰炸机、366 架观察机的兵力，保证了此次战役航空兵兵力的绝对优势，确保战役目的的顺利达成。一个月后，米切尔在默兹—阿尔贡战役中再次运用集中兵力的原则，取得空中优势。

根据航空兵大规模集中使用的作战实际，还产生了相应的战术作战原则。1916 年 10 月，在凡尔登战役中，德军率先将航空兵编成战术编队。德国航空勤务队强调：“目前空中战争的方式已经显示了单架飞机进行作战的缺点，因此，必须避免分散兵力和处于劣势的情况下仍继续作战而应改用多机编队，直到整个中队编队。必须对作战中队进行严格的训练，使之能够作为一个战术单位以密集的编队进行活动，这也是他们实施攻击时必须采用的方式。”在夺取制空权的斗争中，德国从战术的角度初步总结出一些空战的原则。被誉为德国“空战之父”的奥斯瓦尔德·伯尔克认为，在空战中必须做到：应尽量背阳飞行，一旦发起攻击就要进行到底，只有在近距离内而且敌人正好在你的瞄准具内时方可射击，眼睛要死死盯住对方，切勿上当受骗，不管采取什么样的攻击方式，必须从后面攻击，如果对方向你俯冲，千万不要设法躲开他的攻击，而是要迎上去，在战线的敌方一侧活动时，不要忘记自己的退却方向，原则上以 4 机或 6 机为单位进行攻击。

从意土战争爆发到第一次世界大战结束的几年中，伴随空中力量和空中作战实践的发展，空中战争理论和空军学术的研究不断深入。杜黑认为，“有了世界大战的经验后，我发现我 11 年前写的东西可以一个字也不改。时间已证明我的推论，尽管关于制空权的思想现在还没有付诸实现。”战争实践验证了杜黑的预见，更坚定了他的信心，通过全面总结空中作战实践，杜黑最终形成了自己系统性的军事理论，在战后发表了《制空权》。

## 四、杜黑军事技术思想的形成过程

### （一）第一次世界大战前空中力量的发展为大规模空中战斗奠定了物质基础

在第一次世界大战前，主要参战国都非常重视军事航空的发展，将其作为战争准备的重要内容，建立了军事航空部队和航空工业，为大战中有组织的大规模空中作战行动创造了必要的物质条件。

飞机的诞生地美国最早建立陆军航空队。1907 年 8 月 1 日，美国陆军通信兵团建立了第一个航空分队，当时的任务是管理军用气球等飞行器的各种事宜。飞机列入装备后，美国航空队在使用飞机培养飞行员上几经周折。1911 年 3 月，国会拨出 12.5 万美元作为陆军的航空经费，从此，美国航空部门才有条件不断充实人员，加快飞行员的培养和航空武器的发展。到第一次世界大战前，美国的军事航空事业已经粗具规模，但与欧洲航空强国相比还处于落后地位。

英国有着较早的航空历史，对军事航空一直比较重视。1911 年 2 月，英国在陆军建立工兵航空营，下辖的第 1 连配备飞艇，第 2 连配备 3 架飞机。同时，英国海军也开始积极参加航空活动，加快训练飞行人员，购买飞机等航空装备。1912 年 5 月，英国成立皇家飞行队，陆、海军在飞行队中各有一个联队。同时，在阿帕恩建立中央飞行学校。1914 年 8 月 7 日，英国著名的空军军事理论家休·特伦查德担任皇家飞行队的领导人，英国皇家飞行队职责开始转变，其任务由进行空中侦察活动逐渐转为执行作战任务，并积极地组织了将炸弹、鱼雷和机关枪用于空中作战的试验。到第一次世界大战时，英国皇家飞行队和皇家海军航空队共有约 272 架飞机，其中只有不到 90 架飞机能够执行任务，飞机上基本没有机载武器装备，直到 1914 年 9 月第一批装有路易斯机枪的飞机才开始装备英国皇家飞行队。

法国是欧洲的航空强国，较早地认识到飞机在军事方面的巨大潜力。1910 年 4 月，法国就建立了海军航空兵。1912 年 3 月 29 日，法国陆军建立了军事航空部队，航空兵成为一个独立兵种，同陆军所属的步兵、骑兵、炮兵和工兵等兵种并列。当时的军事航空部队编有 3 个大队共计 7 个气球飞艇连和 10 个飞机小组。1912 年 9 月，法国航空部队的 50 架飞机在波尔图参加大规模的演习之后，决定建立航空兵中队，每个中队的实力为 6 架飞机及其飞行人员，6 名机械师和 30 名其他人员。1913 年，法国陆军中的航空兵已增至 12 个中队。法国非常重视航空武器的发展，组织了多次空中射击和空投炸弹的实验。从 1912 年开始，法国还在海外领地部署航空兵。至第一次世界大战开始时，法国在摩洛哥已经建有两个主要空军基地，派驻了 10 多架飞机。在本土有 23 个中队，共有各型飞机约 160 架，飞行人员 200 名，另外还有 15 艘飞艇。1914 年 9 月 29 日，法国还单独成立了轰炸机部队，下辖 2 个中队，在当时还没有专门的轰炸机的情况下，使用比较大型的飞机携带炸弹，执行轰炸任务。到 1914 年 8 月 2 日，法国海军航空兵拥有水上飞机 4 架，人员 200 名。在欧洲各国中，法国军事航空部队的规模仅次于德国。

德国军事航空有着悠久的历史。德国的齐伯林飞艇曾在世界航空史上产生了非常大的影响。在飞机诞生后不久，德国军事当局便对飞机有了浓厚兴趣。1910 年底，德国就拥有各种飞机 10 余架，1912 年 10 月 1 日德国成立了航空部队。德国航空工业非常发达，有多家公司设计生产飞机，为德国航空兵的发展奠定了物质基础。到 1914 年第一次世界大战爆发前，德国军事航空队已经拥有 4 个营，编有 41 个航空兵小队，每个小队有飞机 6 架左右，共装备军用飞机 232 架和 10 余艘飞艇。人员 1 000 余名，建设有 10 多个机场，成为欧洲最强大的空中力量。

意大利最早把飞机用于实战。由于意陆军飞行连在意土战争中发挥了作用，战后意大利成立了航空营。至1913年初，航空营已经拥有飞机50架，同时建立了军事飞行学校培训飞行员。在1915年意大利参加第一次世界大战之前，意大利将其航空营扩大为航空团。5月24日，当意大利加入协约国方而卷入战争时，航空团装备飞机89架、飞艇3艘，飞行员72名，下设4个中队。另外，海军还有17架水上飞机和2艘飞艇，成为当时欧洲拥有一定规模的空中力量。

从气球用于军事目的以后，俄国也开始发展军事航空。1910年，俄国陆军在卡秦纳建立了一所陆军军官中央航空学校，海军也在塞瓦斯托波尔建立了航空学校。1912年，陆军主办了第一次飞行表演。此后，俄国政府开始为陆军购买少量的飞机。同时，还取得了生产法国飞机的许可证，开始飞机生产和设计工作。到1914午8月1日，俄国参加第一次世界大战时，飞行团共有飞机244架、飞行员300名。俄国海军也有多艘飞艇和多架水上飞机，飞行员100名。俄国的航空科学技术具备了一定基础，但与西欧主要国家相比，航空工业总体上还处于初级阶段。

在欧洲的其他一些国家，如奥匈帝国、比利时、塞尔维亚等也拥有小规模的空中力量。

随着主要航空国家对航空的重视程度日益提高，航空技术也得到了迅速发展。从飞机诞生到第一次世界大战爆发的短短11年时间里，航空工业已成为极具发展潜力的新兴工业部门，飞机的研制、生产能力得到了明显提高。在飞机诞生初期，飞机的性能低下、设备也十分简陋。平均飞行速度只有每小时80~100千米，飞行高度仅在3 000米上下，续航时间3个小时左右，飞机上基本没有武器装备。到了大战期间，飞机发动机的功率由60~80马力提高到300~900马力，飞机时速提高到了130~200千米，飞机升限达至7 000米，续航时间增加到7个小时，战斗载荷已达到1 000千克，歼击机的活动半径达150千米，重型轰炸机可达500千米。飞机的种类也多样化，已经形成歼击机、轰炸机和侦察机等主要作战机种，基本具备了攻击和摧毁地面、海上目标的能力。航空炸弹由开始的2千克发展到1吨重、4米长的大炸弹，而且还研制出了燃烧弹，燃烧温度达到1 000多摄氏度。航空工业能力的巨大提高，使得大战中可以生产大批量的飞机充分满足战争的需要。在战争爆发时，协约国拥有飞机558架，同盟国也有300多架。

但是在经过战争动员后，所有的民用工厂很快就能投入飞机生产，生产出了大量的飞机。在整个大战期间，交战国工业部门共生产了 19.14 万架飞机、近 24 万台发动机。航空工业技术水平和生产能力为大规模的空中战争奠定了坚实的物质基础。

## （二）第一次世界大战中的空中作战实践

意土战争后，各国争相发展航空技术，组建军事航空部队。在第一次世界大战之前及大战中，飞机的使用越来越广泛，空中作战的规模开始由小到大，在军事航空实践特别是空中作战实践发展的基础上，新的军事理论应运而生。这些早期的空中军事斗争实践经验特别是大战中初步形成的空中作战理论，为战后《制空权》为代表的早期空中战争理论、空军学术研究成果提供了极其丰富的素材，奠定了坚实的基础。

1914 年 6 月，奥匈帝国王储斐迪南大公在萨拉热窝遇刺，8 月，第一次世界大战全面爆发。在这次战争中，作战双方大量使用航空兵，将战争从平面推向了立体。战争的需要加速了航空武器装备的发展，随着装备的发展，航空兵作战能力不断提高，作战样式趋于多样。由于作战实践的发展，空中作战理论研究被提到了极其重要的位置。空中作战经验、教训的总结直接促进了以《制空权》为代表的新的军事理论的诞生。

空中力量在战争中发挥了重要作用。虽然空中作战实践早在 1912 年的意土战争中就已开始，但是由于缺乏大规模的空中作战实践和成熟的军事理论指导，空中作战方式简单，战术也显得幼稚。各国只是把航空兵作为一支作战支援力量，仅仅是步兵的延伸、陆军的“眼睛”。例如，美国大战前颁发的《美国陆军勤务条例》明确规定：“步兵是最重要的兵种。它承担着战场上最主要的任务并决定着战斗的结局。无论是进攻还是防御，步兵的作用就是全部军事的作用。步兵的使用决定着整个战斗的特点。步兵的成功是合成军队成功的基础。”英、法、德等国使用航空兵的指导思想也大致如此。

在第一次世界大战初期，航空兵主要用于空中侦察，为制定战略、战役计划提供及时、准确的军事情报。1914 年 10 月 5 日，法国的一架侦察机在执行任务中，发现了德国第 1 集团军向马恩河机动，英、法军根据这一情报及时调整了部署，迅速发起著名的马恩河战役，将德军阻击至苏瓦松—凡尔登一线，使德军快速决战企图破产。马恩河战役是第一次世界大战西线战场的转折点，空中侦察获取的情报成为协约国在这次作战中获得主动的关键。经过马恩河战役，地面部队开始转入阵地对峙。航空兵的战术空中侦察成为极其重要的侦察手段，双方航空兵在空中侦察时遭遇后发生空战。1914 年 10 月 5 日，法国飞行员约瑟夫·弗朗茨和空中观察员路易·凯诺驾驶加装机枪的“瓦赞”式侦察机，击落了一架执行侦察任务的德军飞机。这次战斗揭开了空战的序幕。

战争进入僵持阶段后，为了打破相持的僵局，作战双方力求找出突破阵地防御的方法。对空中作战活动要求不断提高，除航空兵实施空中侦察外，还要求袭击敌军部队和阵地、设施，同时阻止敌航空兵活动。航空兵开始迅速发展，装备得到改进，数量急剧增加，专业分工也越来越细，作战活动日趋活跃。为了获得空中作战的主动权，开始有组织地进行争夺制空权的斗争。这时候，空中力量已经不仅是地面部队的支援力量，对一些重大战役的进程产生了非常重要的影响。初期，协约国航空兵的歼击机的战术技术性能和歼击机部队的数量有较大优势，在香巴尼和阿图瓦秋季战役中，英、法联军航空兵部队占有对德军航空兵 4 ~5 倍的优势，在争夺制空权的空战中取得了主动权，战役发展顺利。1915 年 4 月 19 日德国俘获了法国王牌飞行员罗朗·加罗斯和飞机，为德国工作的荷兰工程师安东尼·福克对这架法国歼击机进行了仿制和改进，制成了专门用于空战的“福克”E1 单翼歼击机。这种飞机性能优于协约国歼击机，射击命中率较高。装备了这种新式飞机的德国航空兵在空战中不断取得胜利，协约国的飞机遭到严重的损失，空战中连连失利。双方空中作战态势的变化直接关系到制空权的得失，对地面作战产生了较大的影响。1916 年的凡尔登战役前期，德军取得了制空权，地面部队能够不受空中威胁，顺利集结、展开、机动，航空侦察、轰炸均能有效地实施，战役进展顺利。而在索姆河战役中，英法吸取了教训，集中优势兵力夺取了制空权，在战役初期，双方参战的飞机多达 400 余架，英、法在歼击航空兵兵力上占有优势完全掌握了制空权。制空权的获得使作战的形势有利于协约国，这次战役虽然未能突破德军防线，但是牵制了德军对凡尔登的进攻。

战争的后期空中力量有了突破性发展，对战争的影响也越来越大。随着航空装备的改进，航空兵火力支援对于保障地面作战有着直接的影响。早在大战的僵持阶段，为了打击重型火炮射程外的战役战术纵深目标，就已使用航空兵突击对方前沿地带和浅近纵深。到了大战后期，航空兵火力支援已成为空中力量的重要任务和地面作战的基本保障。航空火力加入作战的火力准备，与地面火炮配合，直接支援地面冲击与反击作战。在后期的所有重大战役和会战中，作战的主要方向和重点地区都集结了大量航空兵。1918 年 3 月，在皮卡迪战役中，德军在宽达 70 千米的进攻地带集结了 1 000 架飞机，在地面战斗主要地域和关键时节，使用航空兵火力扫射敌步兵和炮兵，保障地面部队的顺利推进。第二次马恩河会战发起后，法国以猛烈的航空兵火力突击德军作战补给线，迟滞其地面集团的行进，最终赢得了会战的胜利。无论是进攻还是防御，航空兵火力保障已成为作战胜利的必不可少的因素。

在整个战争过程中，双方国土全纵深都面临着前所未有的空中威胁，随着战争的发展，这种威胁越来越大。大战初期，德国就利用飞艇袭击过英国伦敦等地，随着轰炸机作战半径的增大和携弹量的增加，对敌国战略纵深目标特别是首都、经济中心、工业区交通枢纽的空袭活动也不断增多。德国从 1917 年开始改用轰炸机对英国实施战略轰炸，采用密集队形同时投弹的方法，取得了较好的轰炸效果。德国对伦敦的战略轰炸中，共出动飞机 435 架次，造成伤亡约 6 200 余人，经济损失达 300 万英镑。德军轰炸活动主要在夜间进行，造成了民众心理的高度紧张。1917 年 9 月，德军的夜间轰炸使 1/3 的伦敦居民逃离市区。英国对德国的战略轰炸贯穿战争始终。早期的轰炸因飞机载弹量不大、作战半径小而收效甚微。1917 年，英国组建皇家航空队第 41 联队。次年，又在第 41 联队的基础上组建了驻法国的皇家独立空军部队，装备先进的重型轰炸机，专门执行战略轰炸任务。6 月到 11 月期间，这支轰炸部队对德国实施昼夜轰炸，共投掷了 543 吨炸弹，其中 220 吨投在敌方战场上，其余的全部投在 50 余个工业目标上。法国在 1914 年就成立了战略轰炸机部队。从 1916 年到 1918 年两年中，法军进行的战略轰炸共投弹 1 800 吨，到 1918 年 2 月，法军已有两个昼间轰炸大队、1 个夜间轰炸大队和 1 个独立轰炸大队共计 28 个中队，对德国后方的工业设施实施昼夜轰炸。意大利较早就使用了轰炸机进行战略轰炸。1916 年 2 月 18 日，意军用“卡普罗尼”重型轰炸机轰炸了卢布尔雅那，接着又空袭了战线后方的奥军司令部。1917 年 8 月和 9 月，对奥匈帝国的波拉海军基地进行了空袭。1918 年 10 月 22 日，意大利派出 56 架“卡普罗尼”轰炸机和 142 艘飞艇，对波拉海军基地进行了第一次世界大战中的最后一次大规模空袭。在战争后期，对敌国的战略轰炸已成为航空兵的重要作战任务，过去深藏于纵深腹地的战略目标已经面临空袭的直接威胁。

## （三）第一次世界大战空战实践的理论升华

1. 空中作战样式有了很大的发展

在第一次世界大战前，飞机主要用于侦察、校射、通信，担负作战保障任务，很少直接参加作战。在第一次世界大战中，大规模的空中作战活动出现在战争舞台上，空中作战方法在实践中不断改善，作战样式出现了新的变化。

争夺制空权的方法在作战实践中不断发展。1916 年，在凡尔登战役中，德军首次集中 20 架战斗机进行编队空战，迅速压制了法军飞机的活动。在德国“福克”单翼机问世后，空战开始频繁进行。1917 年下半年，德国和法国都将空战能力强的飞行员抽出来，组成专门的歼击机部队。随着歼击航空兵队伍的不断扩大，开始了有组织的大规模激烈空战。在大战的后期空战战术虽然仍是单机空中格斗，但是在一次战役中集中数百架甚至上千架飞机参加夺取制空权行动已不少见。

除了使用歼击机进行空战，驱逐敌机于战场空域之外的办法夺取和保持制空权外，还采取以轰炸机突击敌机场的方法夺取制空权。英国皇家飞行队领导人休·特伦查德曾于 1916 年 1 月 14 日发出指示：“英国飞行队在拥有与德国的‘福克’一样好或更好的新机以前，似有必要改变所有使用的战术和策略，为保证侦察或照相巡逻能获得成功，所有的作战飞机都将袭击敌人的重要机场和攻击战斗中出现的任何一架敌机。”在第三次伊普尔战役发起后，英、法军在第二天就派出 4 个歼击机中队，掩护 3 个轰炸机中队出动的 27 架轰炸机，对 15 个德国军用机场进行突击，虽然效果不大，但在制空作战方法上却是一大改进。1918 年 5 月，协约国轰炸机对亚眠附近的德军机场进行突击，取得了使德国陆军航空勤务队第 48 中队的歼击机几周内无法出动的效果。由于空中作战组织指挥能力和轰炸机性能的限制，在整个大战中轰炸敌方机场并没有成为夺取制空权的主要方法，常常在夺取制空权斗争中配合歼击机空战行动。随着空战方法的发展。航空兵对地面攻击的方法也开始出现，主要有航空兵火力支援和战略轰炸两种。

首先，航空兵火力支援在大战开始不久就得到运用。随着飞机对地攻击能力的提高，航空兵火力直接在作战中的运用也越来越广泛。除夺取战场制空权为地面作战提供空中掩护外，航空兵还大量用于对地面目标的攻击，保障地面作战的顺利进行。1916 年的索姆河战役中，英、法联军开始使用轰炸机在歼击机的掩护下，对地面进行直接火力支援，从低空水平轰炸德军地面 298 个目标，投下了 175 万枚总重量约 292 吨的炸弹。在此次战役中，英法联军的歼击机飞行员还用机枪扫射德军堑壕和小型目标，打击位于突破口的德军预备队直接协同地面作战。此后，航空火力直接压制地面目标便成为航空兵火力支援的典型方式。德军在作战中也常常采用这种方式。1917 年 4 月，在艾勒斯战役中，德军飞机扫射堑壕，还专门组织了“作战飞机小队”，遂行低空攻击任务。为了发挥航空兵火力压制的作用，德国还设计了一种带装甲的“容克”式飞机。不久，类似性能的飞机在英国和其他国家也出现了。对地直接攻击作战导致了强击机这一机种的诞生。

其次，进行了战略轰炸的初步实践。第一次世界大战前，就已经有人研究战略轰炸问题。大战中各方都非常重视打击对方战役纵深目标甚至攻击战略腹地重要目标。大战初期，德国曾使用飞艇对英国、法国后方的铁路、车站、工厂进行过轰炸，但飞艇体积大速度慢，易损率高，而且投弹的精度非常差，所以效果不大。各国开始重视发展重型轰炸机，轰炸敌方首都及其他重要战略目标。到了大战后期，轰炸机的数量已占航空兵数量的 15%，战略轰炸常常昼夜实施。战略轰炸的直接摧毁效果并不是很大，但却对敌方士气民心产生了巨大的威慑作用。

再次，空中作战方法的变化对作战样式的发展产生了巨大的推动作用。发挥航空兵火力支援的作用，要求航空兵必须与地面部队协同，这种协同的发展导致了现代合同作战这一新的作战样式的出现。1917 年的康布雷战役中，航空兵首次与坦克、炮兵、步兵密切协同，取得了明显的效果，开创了现代合同作战的先例。为了搞好协同，将航空兵配属到集团军军一级作战单位，常常派出航空兵代表进驻各集团军司令部，对协同的具体方法也进行了明确规定。例如，德军在其《阵地战的进攻》细则中规定："实施冲击的步兵由配属给军的强击航空兵给予支援。后者按 6 ~ 20 架不等进行编队，在 50 ~ 100 米的高度活动，对敌军及其炮兵和机枪阵地实施突击，用这种方法来支援己方步兵的进攻。"其他国家军队也有相似的规定。在 1918 年 8 月的亚眠战役中，英、法联军航空兵积极攻击德军地面目标，支援步兵和坦克行动，形成了诸兵种密切协同的局面，较好地达成了既定的战役目标。1918 年的圣米耶尔战役，是第一次世界大战中协约国使用航空兵最多的一次战役。美军第 1 集团军的航空勤务队，由美国早期著名的空权论者米切尔指挥，共集中了包括美、英、法等国航空部队在内的 96 个航空中队约 1 500 架飞机，在夺取战场制空权后，轰炸机和强击机用猛烈的火力攻击德军的地面目标，直接配合地面的进攻行动。这次战役对合同作战的发展产生了深远的影响。此外，在合同作战中，航空兵并不局限于支援地面部队作战，而且支援海上的作战行动。

最后，防空作战成为第一次世界大战中诞生的新作战样式。随着空中力量对地面攻击能力的增强，反空袭已成为一项重要的作战任务。由于航空兵在地面作战过程中可以对作战前沿以及战役后方进行突击，对战役的进程和结局有着重要的影响，掩护地面作战军队的野战防空作战随之出现。在后方重要目标日渐受到空中威胁后，防空作战任务发展到对重要目标的要点防空。为了减少空袭损失，在首都和重要城市遭到空袭后，一些国家政府发布对付轰炸的指示，采取疏散、隐蔽、消防、灯火管制、构建防空洞等措施。担负防空作战任务的主要有歼击航空兵和地面高射炮兵。空袭与反空袭的斗争产生了防空作战的这一崭新的作战样式，现代防空的三大类型——野战防空、海上防空、国土防空在第一次世界大战中开始形成。

2. 独立空军的建立改变了传统军事力量结构

空中作战实践和航空技术的不断发展，促使主要航空强国对空中力量的认识和期望不断提高。尽管在第一次世界大战前和大战的早、中期，一些航空先驱都强烈呼吁建立一支独立的空中力量，但是各国政府并没有采取措施组建独立空军。在大战的中后期，德国对英国的空袭所造成的损失和民众心理的恐慌越来越严重，面对本土防空作战及陆海军作战的迫切需要，英国政府不得不考虑组建独立空军的问题。

面对德国的空袭，英国决定对德国工业区、航空基地进行轰炸。从1916年开始，英国海军航空队对德进行战略轰炸，1917年，英国陆军航空队也加入了对德战略轰炸行动。为了统一指挥协调战略轰炸，英国政府考虑成立统一的战略空中进攻部队。英国陆军元帅简·克里斯坦·斯穆茨受命调查论证这一措施的可行性。他在提交的报告中认为，空中力量可以成为一种独立的战争手段，航空兵可以独立于陆海军之外进行大规模作战。陆上、海上战争可能退居次要和从属的地位。英国政府认可了斯穆茨元帅的报告，充分考虑了他的建议，在1918年4月1日，成立了与陆、海军平等的空军，由休·特伦查德担任英国空军的第一任参谋长。虽然英国只是在大战结束前半年才成立了独立空军，但是，这支独立空军的出现对现代空中力量的发展起到了巨大的推动作用。从此，独立空军的出现成为现代军事力量的重要标志，传统的军事力量结构发生了变化，除陆、海军外，独立空军是现代国家军事力量结构中不可缺少的重要组成部分。

# 第四章　杜黑军事技术思想的主要内容

杜黑军事思想以其《制空权》为代表，全面系统地论述了空军建设的各个方面。因为其军事思想是以不断发展的航空技术为基础的，所以其中必然蕴含着丰富的军事技术思想。概括起来，他的军事技术思想主要包括：军事技术革命改变战争面貌思想、制空权理论的军事技术思想、独立空军的军事技术思想、军用与民用航空相互发展的思想以及陆海空三军协调发展的思想，等等。

## 一、军事技术革命改变战争面貌思想

恩格斯曾经说过："一旦技术上的进步可以用于军事目的并且已经用于军事目的，它们便立刻几乎强制地，而且往往是违反指挥官的意志而引起作战方式上的改变甚至变革。"[10]211 而杜黑则认为军事技术的发展与应用会引起战争的一系列革命（战争领域、战争样式、新军种、新的军事学术），而不只是作战方式的变革。在他看来，战争的样式决定于战争的技术手段。

通过对第一次世界大战的考察和参加世界大战的亲身经历，杜黑提出新式火器、潜艇、毒气等军事技术的应用改变了传统的作战样式，而飞机的出现则将彻底改变战争的面貌，引起战争革命。

### （一）战争的技术手段

杜黑通过对第一次世界大战的考察得出，军事技术的发展与应用已经改变了传统的作战样式。所谓作战样式就是指交战双方为赢得战争，在陆地、海上和空中所采取的作战方式、方法的总和。第一次世界大战中，新式火器、潜艇、空中武器和毒气的应用改变了传统的陆上、海上的作战方式，而这些新的军事技术的应用则使战争具有和原来完全不同的总体性。

1. 火器的发展改变了传统的陆战样式

1914年，世界各国的将军们都还确信，所有战争都会在几次决定性的战役行动之后迅速结束，在拿破仑战争中发展起来的并在战争中所验证的分散部署兵力的做法，会继续作为一种标准的战法存在。[11]315但是第一次世界大战的进程和结局却出乎他们的意料，战争持续的时间很长、消耗也大。针对这种情况，杜黑作了详细的分析和论证。

他结合军事技术的发展经过对世界大战的研究得出了一个真理："火器的每一个发展和改进都有利于防御。"[12]12原因主要是，防御不仅能使武器保存更长的时间，并且使它能处于增强效力的最佳地位。例如，一个士兵据守在带刺铁丝网屏护的堑壕里，进攻他的敌人会在开阔地上暴露一分钟，假定双方装备的都是每分钟射击一发的前膛毛瑟枪，我们可以肯定只需要两个人进攻就足够了，因为在一分钟内，两个人中只有一个人能被防守者击中而退出战斗。但如果双方装备的是每分钟射击三十发的来复枪，则可以确定必须用三十一个人冲击才能成功。

以第一次世界大战的战例来看，大战中，由于小口径武器的威力极大增强，守方就让一波波进攻的步兵接近自己的预设阵地，然后将他们击毙在途中。这样，就迫使攻方放弃用步兵攻击预设阵地中的人，而改用各种口径的耗费巨大的大炮进行攻击。因此，进攻战斗从来没有像第一次世界大战那样困难和费钱。

同时，杜黑又指出新武器威力的增大有利于防御，并不是要怀疑战争只能依靠进攻行动取胜这一原则，而只是要说明，由于火力的增强，要求进攻作战比防御作战要有大得多的力量。这一思想就为飞机作为进攻力量的出现打下了基础。

由此，杜黑得出结论，在第一次世界大战中，火器等武器的发展，使传统的陆上作战的样式发生了改变：从以运动战为主到出现了由堑壕战组成的阵地战。

2. 潜艇向传统海战的样式发出了挑战

到第一次世界大战爆发的1914年时，潜艇大约已经有一个世纪的发展史了，这时的潜艇也已经很完善了，一艘潜艇的排水量可达几百吨，可携带十几条鱼雷，可向瞄准的军舰同时发射 4 条鱼雷。但当时各国海军还不知道如何有效地使用潜艇，虽然改进型的潜艇在第一次世界大战开始时已经可以在水面上进行较长时间的巡逻。因为潜艇的战术是在水面上巡逻时发现目标，之后潜入水中发起攻击，但由于它在潜入水下后速度会变慢，而且从被攻击的军舰上可以看到来袭的鱼雷，此时军舰可以改变航线，所以这时大部分国家的海军当局都认为，潜艇不会发挥太大作用。对这一现象，杜黑引用美国海军上将西姆斯的话进行了评述："直到大战前，多数海军将领和舰长对潜艇的看法是认为它是奇妙的玩具，能做出壮观的表演，但只是在精心选定的地域、良好的天气和良好的海上条件下才行。"[12]176 而关于潜艇在第一次世界大战的表现，杜黑在一个引注中说明交战双方都没有重视潜艇：虽然德国在大战初期采取的无限制的潜艇战给对方造成了致命的威胁，但德国人自己在 1917 年春季以后一步步消减了他们潜艇的数量，从而造成了无可挽回的损失。

杜黑说："事实上，自战争开始以后，巨大的水面舰队没有发射一炮，而是靠潜在力量赢得了战争。"[12]181 杜黑认为，第一次世界大战的海上作战之所以会出现这种情况，是潜艇的出现向传统海战的样式发出了挑战。在第一次世界大战以前，人类已拥有较长的海上战争史，海上水面舰队间舰炮对抗是传统海战的主要作战样式。因此，发展大型水面舰艇是海军建设的重点，也是控制海洋的重要途径，而这却需要强大的国家经济实力做后盾，也就只有富裕国家能够做得到。然而，潜艇的出现则完全改变了传统的制海权模式，拥有一定数量潜艇的国家能够对强大的水面舰艇构成威胁，绝对制海权受到了严峻挑战。在战争中，德国人认识到，潜艇向他们提供了一种非常有效的海军兵器，他们可以使用这种兵器去对付他们的敌人拥有的占据绝对优势的海上力量。

3. 空中武器和毒气将改变一切战争样式

杜黑认为这两种武器虽然仍处于幼年时代，它们的特性和所有其他武器截然不同，我们还不能准确估价它们对未来战争样式的潜在影响，但是无疑这种影响将是巨大的，因此，"我也毫不犹豫地确信，它将完全改变迄今已知的一切作战样式。"[12]7

因为毒气是比炸药威力更大的武器。1915 年 4 月 25 日氯气在战争中的使用被看作是战争中毒气纪元的开始，在这之前，似乎自古以来人的生命只能由人用劈、刺、打或其他具有冲击力量的工具加以伤害。从原始天然武器到现代武器，经历了无数的改进；从石斧、粗燧石发展到刺刀，从用手投石发展到步枪、大炮、机枪，不过是用火药的爆炸力代替了在它以前的人的肌肉力；一个人要被弹丸击中，必须在一定时间处于弹道的一定点上，因此弹丸的攻击是瞬时的、线性的。但是，一个人只要在毒气有效的任何时间处在它的范围内，就会受到毒气攻击。因此毒气的攻击作用是立体的、持久的。弹丸在推进力消失后就无害了，而毒气在一定空间的存在期间一直起作用。另外，炮弹声音很大，而毒气不仅无声还是常常看不见的；弹丸的弹道可以被适当的平面遮断，人们可以在后面隐蔽，而毒气却能渗透扩散，钻进每个缝隙，渗透到人类一刻不能缺少的物质中去，因而能在广阔的地面同时杀死大量人群。

杜黑还设想如果一个国家的细菌学家能发明在敌国传播疾病的手段同时又能保护本国人民，将掌握巨大的破坏力。他引用法国元帅福煦的话说，飞机提供了向军队和大片土地投放大量毒气的手段。飞机使进行化学战从而对大片土地造成可怕后果成为可能。空中力量不仅能对敌国领土任何部分用高爆炸弹实施轰炸，而且能用化学战和细菌战摧毁整个敌国。

4. 未来战争随着技术的发展将是总体战

杜黑站在人类社会与战争演变全局的高度根据社会与未来战争的特性和形式预言“未来战争在特性和范围上都将是总体的”。[12]5总体战是由社会的科学技术发展情况所形成的社会形态决定的。为此，杜黑使用了现今社会组织形式的说法，社会组织形式就是指随着工业革命而形成的机械化社会大生产。战争是人类社会形态的有机组成部分，有什么性质的社会生产方式，就会有相应的战争方式。

为论述第一次世界大战的社会性特征，杜黑对大战之前、战争中资源使用和作战规模的有限性特征进行了论述。他主要从三方面入手：其一，战争中国家物质资源使用的有限性和间接性。尽管“各国首脑通常从人民中为自己的军队收集物资”，[12]156但是，国家中的社会力量不能直接参与战争，战争还是“程度不同的专业化军队之间或大或小的冲突”。[12]155各国之间的战争，基本上是按照惯例，使用职业军队进行的，军事搏斗的输赢决定了事情的结局。其二，军事力量间对抗的有限性。为论述这种有限性，杜黑把军队比喻成棋子，把战争区比喻成棋盘，形象地刻画了当时军队作战效能的有限性和作战范围的有限性。其三，战争中社会精神资源参与的有限性。人民的全部精神和信念没有参与战争对抗，缺少全国民众精神参与和支持的战争，且不说民众本身信念所爆发出来的力量，单就军队受到的精神启发和支撑而言，也足以产生巨大的力量。精神的缺失，也是战争有限性的重要表现，这些因素决定下的战争的有限性，也决定了几千人之间的交战常常足以决定这个民族的命运。从手段上看，第一次世界大战前，军队武器装备科技水平的落后和作战效能的低下，即便在战争进程中能够及时得到国家资源的补充，也只能是在战争延续时间上或者实力对比上发生变化，至多引进新的军队重新开始搏斗，但不会改变军队对抗这一最终方案模式，也就不会改变战争的有限性特征。[13]236

第一次世界大战中首次大量使用飞机、潜艇、坦克、毒气等新式兵器，导致新的军兵种和新的作战方式的出现，使战争带有真正的总体性，从而必将引起战争面貌的革命性变化。[14]

杜黑在考察未来战争的变化时。尽管他是从战争技术手段这个最基本要素入手，提出新的战争手段——航空兵器的出现和应用，将改变未来战争的面貌，而且是革命性的变革。然而作为一位军事思想家的杜黑，并未忽视从社会总体的变革中把握人类战争未来变化的趋势。用杜黑的话说："我们应当站得更高来观察……如果我们这样做，就能立刻看到世界大战具有一种和以往任何战争不同的特性，我们称它为社会性。"杜黑正是从战争的社会性考察，提出了总体战的思想。他指出："现今的社会组织形式已经使战争带有一种全民性特性，即国家全体居民和全部资源都被吸收入战争熔炉中，而且，既然社会肯定继续沿着这个方向发展，人类现在就能预见到，未来战争在特性和范围上都将是总体的。尽管人类的预见能力有限，我们还是可以完全肯定地认为未来战争的特性将和以往根本不同。"杜黑这里所说的现今社会组织形式，是指伴随着工业革命而产生的社会化大生产。工业社会的社会化大生产从两个方面对战争产生影响。一是生产技术的进步使武器的威力更大，从而使战争更加残酷。人员的大量伤亡，迫使人们将更多的人力物力投入到战争中去，战争的规模日益增大，甚至扩大到整个国家。二是战争规模和消耗增大，对整个国民生产的依赖性增大，这就要求国家的全体公民都要行动起来，进行战争。这就是杜黑所说的战争的社会性，即战争的总体性。

杜黑认为，总体战争的一个突出特性是，战争的主体力量是人民，武装部队只是参加斗争的人民力量的一部分，仅仅是供人民使用的手段。而在以往战争中，武装部队则是进行斗争的唯一力量。杜黑指出，世界大战前夕，人民开始认识自己的力量，几乎不知不觉地感到，把自己的命运寄托于只占自己全部力量一部分的人的战斗结局是荒唐的。一旦各国人民意识到自己的地位，各国之间的斗争也必然出现同样情况。他们必将用全部能力和资源投入斗争。高度文明的人民，成百万有觉悟的人，是不会把他们的未来托付别人，也不会把他们的命运寄托于一个“拥兵首领”的某种突击或某个武装集团的英雄主义上。杜黑在《未来的战争面貌》中还预言，未来战争将要求国家提供全部物质和精神资源，具有以其全部能力、全部资源、全部信念进行的巨大生死斗争的特点。而不能局限于国家的一部分，也不能局限于国民某一阶级和人群，一切有形无形的人力物力都必须用于战争。全体国民必须深刻关心它、探讨它、了解它，以便准备迎接将要到来的考验。战争结局更主要的是取决于国家的抵抗能力，它将是国家之间相互拼搏的斗争。这也是与以往战争不同的显著特点。

杜黑正是基于对总体战中人民在战争中的地位、国家抵抗能力对战争结局的决定性作用等主要特性的认识，以及空中力量作为新的战争手段，将导致传统的战争样式发生革命性变化的判断，使他进一步认识到空中战争更适应未来战争的特性，因此空中战场将是具有决定性的战场。在他看来，空中力量可以直接摧毁敌人的物质和精神的抵抗，并迅速决定战局。也由于航空兵的直接作用，使人民直接对抗人民，国家直接对抗国家，排除了以往战争中将它们隔开的中间护屏，使战争表现为人民和国家之间的相互打击和对抗。杜黑曾这样描述空中战争的作用：A 国空军对 B 国的铁路、车站、道路交叉口、居民点、军需供应站和其他重要目的轰炸，可以阻止 B 国陆军的动员；对海军基地、工厂、油库、锚泊战舰和商用港口的轰炸，可以阻止其海军的有效活动；对最重要的居民中心的轰炸，可以在全国散布恐慌，迅速摧毁 B 国物质和精神的抵抗。从空中攻击一个大城市对居民的冲击是极可怕的：先是爆炸，其次是大火，然后毒气飘散在地面上阻止人们接近被炸的区域。城市生活将完全中断。如果第二天又有几十个城市被炸，那么，谁也不可能阻止这些茫然无措、惊恐万状的人们逃往乡村去躲避来自空中的恐怖。一个国家如果遭到这样一种毁灭性的空中打击，他们的社会结构将很快瓦解。人们自己出于自我保护的本能，为了终止恐怖和痛苦会起来而要求结束战争。他还反复强调，对一国的顽强抵抗给予直接的还是间接的打击，两种效果完全不同。直接打击敌人的精神和物质的抵抗，能迅速决定冲突的结局，从而缩短战争。杜黑认为第一次世界大战的结局看上去是军事行动决定的，但实际上它是被战败国家的人丧失斗志所决定的。在这次战争中，意志的瓦解是由长期战争消耗造成的。在未来战争，航空兵对国家的精神和物质力量的直接打击将具有极大的规模，可以在敌人的陆海军还未受到决定性打击前，就瓦解了敌国人民的抵抗意志，摧毁了敌国的物质力量，从而决定了战局。空中力量对战争结局的如此巨大的影响，将从根本上改变空中力量的地位和作用。按照杜黑的观点，如果一个军种可以比别的军种能更快地结束战争，那就意味着它能先于其他军种取得决定性胜利，因此而成为决定性的力量。空军也正是在这个意义上成为决定性的军种。

### （二）飞机用于战争将引起革命性变化

杜黑根据火器和潜艇技术的进步分别影响了陆上和海上战争的面貌，而陆地和海洋上方都有天空，既然陆上战争和海上战争是整个战争的组成部分，那么，空中技术的发展即飞机技术的出现与应用于战争，必将引起整个战争面貌的革命性变化。

1. 飞机用于战争新的可能性

杜黑认为，飞机的出现并用于战争，给人们进行战争带来了新的可能。它改变了飞机出现以前人类进行战争的方式方法。杜黑说：“只要人类还是被束缚在地球表面上，他的活动就必须适应地球表面所造成的条件。战争是需要军队广泛运动的活动，进行战斗所依托的地形就决定着战斗的主要特色。”[12]8这主要表现在两个方面：第一，交战双方都必须依靠地球表面的道路（或水路）进攻或防御。这样，攻方部队企图沿最少抵抗或最容易通过的路线前进，守方部队自然要沿敌军前进方向展开，阻止其前进。第二，战场都是有严格范围的，军队和平民之间也有明显区分。在战线后方或在地面武器最大射程之外，交战国平民并不直接感受到战争。任何敌方进攻都不能威胁该距离之外的人们，平民生活基本不受影响。在战斗人员和非战斗人员之间甚至存在着法律上的区分。

在这种情况下，如果不突破敌人的防线，就不可能侵入敌人领土。但是现在空中力量的出现，使这种不可能变成了可能。因为飞机在行动和方向上享有充分的自由，它可以用最短时间沿任何方便的路线向任何地点往返飞行，而且人们在地球表面上不能做任何事来干扰在三维空间中自由飞行的飞机。杜黑还阐明了飞机用于战争产生的影响，战争的范围将不再局限于地面大炮的最远射程之内，而将在交战国数百公里的陆地、海洋范围内直接感受到。前方和后方将不再区分，战场将扩大到交战国整个国境，全体公民都将成为战斗人员，士兵和平民之间不再有任何区分。所有这一切不可避免地给未来战争的样式带来深刻的变化，战争的主要特性必将与以往任何战争根本不同。所以，从防守一方来说，空中力量的不断发展，将会导致地面武器效能的相对降低。

2. 飞机是出色的进攻武器

因为火器的发展使得防御一方在战争中更加有利，飞机这种新武器扩大了进攻的优势，同时缩小了防御的优势，并且剥夺了那些对突然爆发的战争没有做好充分准备的人的准备时间。这样，没有什么堡垒可以抗击这种新武器，它能以闪电般的速度对敌人心脏给以致命打击，“……是一种出色的进攻性武器”[12]17。

按照杜黑的观点，战争战略战术的实质是：进攻方能主动计划行动，能自由选择攻击点并能调动最大的打击力量；而防御一方由于不知道进攻方向，不得不分散兵力部署在全部防御阵地上，查明敌人进攻方向后再及时向遭到进攻的地点转移兵力。根据自己对战略战术的认识，杜黑认为，一个国家如果掌握了能够迅速集结兵力的手段，能够对自己选定的敌兵力集结处或供应线上任何点施加打击，就是具有最大进攻潜力的国家。而空中打击是最适于作战的武器，它的打击比较突然，使敌人没有时间调集援军加以应对。

3. 航空兵①是军事技术的革命

杜黑认为，飞机是人类进行社会活动的新的技术手段，航空为人类开辟了新的活动领域——空中领域，结果必然形成一个新的战场——空中战场，也必然产生一种新的战争形式——空中战争。而对于天空中新的发展，杜黑将其定义为出现了新的兵种——航空兵。航空兵不是以一种新发明为基础加以改进的武器，而是人类历史上从来没有过的新型武器，它的出现“使战争演变曲线由这点开始中断了连续性，突然转向了一个完全不同的方向。它不再是革新，它是革命。”[12]188 这主要有两个原因：第一，航空兵不是传统战争手段的延续，不是在传统手段基础上的能量增加、射程增远、性能提高等，而是全新的战争手段，具有全新的性质和能力；第二，航空兵给形成战争形式和特性的古老因素以革命性变革，从而彻底改变了传统的战争形式和特性。而航空兵要发挥它的出色的进攻优势，就必须掌握制空权。

## 二、制空权理论的军事技术思想

制空权理论是杜黑思想的核心，是整个杜黑理论的精髓。在他看来，赢得战争胜利的关键就是取得制空权，可以说掌握制空权和胜利是画等号的。但是，要获得制空权必须要以相应的军事技术手段作后盾，必须要大力发展独立空军，依靠独立空军的战略轰炸。

### （一）制空权的概念及技术基础

杜黑对制空权的定义是：“掌握制空权表示一种态势，能阻止敌人飞行，同时能保持自己飞行。”[12]26 这一定义是对掌握制空权的一种直观形象的描述，那就是天空中只有自己一方的飞机飞行，而敌人的飞机不能飞行。当时人们批评杜黑的制空权是指自己对天空的控制权，连敌人的一只苍蝇也不能飞行。针对这种批评，杜黑后来又阐述：“阻止敌人飞行，当然不是说甚至连它的一只苍蝇也不准飞，从绝对意义上说，几乎不可能摧毁敌人

① 指一切空中力量。

全部飞行器。只要敌人的飞机减少到微不足道的数量，不能再对整个战争采取任何真正重要的空中行动，就算获得了制空权。”[12]103 杜黑为制空权所下的这个定义，是对掌握制空权一种直观形象的描述，而非通常学术著作经常使用的抽象理性的定义。按照杜黑所描述的制空权，我们的大脑中马上可以出现一种景象，天空中只有自己一方的飞机飞行，而敌人的飞机不能飞行。这种景象的潜台词是自己一方控制了天空。所以，当代的军事学术界常常把制空权表述为“对天空的控制权”，这也就是制空权的抽象的理性化的定义。

杜黑认为，我们现在已经具备了制造足够数量飞机的财力而且用于轰炸的炸弹或炮弹的破坏成分也都在生产，因此组织一支能够投下成百吨炸弹的机群是很容易的。空中进攻的打击力和规模，无论从物质上或精神上来考虑，要比已知的其他任何一种进攻都更有效得多。夺得制空权后，一个掌握制空权的国家能保护自己领土免遭敌人空中攻击，还能使敌人支援其陆、海军作战的辅助空中活动无法进行。这种空中进攻不但能切断敌陆、海军与其作战基地的联系，还能对敌国内地进行毁灭性的轰炸，使其人民物质和精神的抵抗趋于崩溃。而所有这些由于飞机及其他技术手段的出现和应用，现在都可能发生并实现，所以掌握制空权就是胜利，没有制空权就注定要失败，并接受战胜方强加的任何条件。[12]27

制空权还会带来诸多优势：①它防护一国领土领海不受敌人空中进攻，因为敌人已经无力发动进攻。因此，它保护了国家物质和精神的抵抗力不受敌人直接可怕的攻击。②它使敌人领土暴露在我方空中进攻之下，这种进攻极易进行，因为敌人已不能在空中活动。它能对敌人的抵抗给以直接可怕的打击。③它能完全保护本国陆、海军基地和交通线，进而威胁敌人的这些方面。④它能阻止敌人从空中支援其陆、海军，同时保证对我方的陆、海军给予空中支援。[12]200

这里我们需要说明的是，要掌握制空权，必须拥有强大的空军。即使有强大的空军，掌握制空权也有很大难度。因为天空不像陆地，可以通过一支陆军部队占领某块陆地而取得控制权。天空是不能像陆地那样占领的，因此，对于制空权的理解，也比对于制地权的理解更多了一些争论与不同的看法。对于制空权的理解与表达，一些国家使用“制空权”的概念，如中国、俄罗斯等；一些国家喜欢使用“空中优势”的概念，如美国等大部分西方国家。两个概念的含义基本相同，只是在对天空控制程度的理解上有差别。杜黑的制空权定义所表达的是一种理想的制空权，即“能阻止敌人飞行，同时能保持自己飞行”，后人往往用绝对制空权来形容这种制空权。这种制空权通常是在敌人没有空中力量，也没有对空防御力量，或者由于力量弱小根本不使用等特殊情况下才存在的，在敌对双方都有相对均等空中力量的情况下是不可能的。战争的实践表明，这种绝对的制空权几乎是不存在的，制空权通常都是相对的，即在掌握的空间、时间、程度上都是具有限度的。不要说第二次世界大战中的制空权，即使是1991年海湾战争中的多国部队和2003年的伊拉克战争中的英美联军，也只能掌握相对的制空权，在伊拉克军队的高射炮和地空导弹的火力范围内，其飞机也不能自由飞行。正是由于只能掌握相对的制空权，美国等才使用了空中优势的说法，而较少采用制空权这个军事术语。

## （二）获得制空权就必须建立强大空军

杜黑把夺得制空权就是胜利，在空中被击败就是战败，并接受敌人愿意强加的任何条件作为一条公理。由这个公理，他得出了两个推论：①一旦发生战争，为了保证国防，必要和充分的条件是能夺得制空权。②为了保证国防，一个国家所做的一切都应为着一个目标，即在一旦发生战争时掌握最有效的手段夺取制空权。

所以，为了征服天空，必须剥夺敌人的一切飞行器。而这种破坏只能在空中或敌国内地来完成，所以它只能由航空武器而不能由陆军和海军武器来完成。由此杜黑又得出一个论断：制空权除了依靠强大的空军外是无法完成的。

根据这一论断和上述第一个推论，杜黑得出了一条有实用价值的结论：除非拥有一支在战争中能夺得制空权的空军，否则充分的国防不可能得到保证。

杜黑显然知道在当时陆军和海军一直占优势地位的情况下，幻想陆、海军明天就被取消而只有空军在发展是很不现实的。因此，杜黑说，目前我只要求给空军以应得的重视，在过渡期间可以采取这个方案：逐步消减陆海军部队，同时相应增加空军部队，直至空军增强到足以夺取制空权为止。这就需要建立独立空军，与陆、海军一样成为独立的军种。

## 三、建立独立空军的军事技术思想

在独立空军成立之前，各国的航空兵都是陆军和海军的组成部分，杜黑认为这样无助于夺取制空权，要夺取制空权就必须建立强大的独立空军。

### （一）配属航空兵是无用的、多余的和有害的思想

杜黑认为配属航空兵是：陆军和海军在各自活动范围内用于协助和配合其作战行动的一切航空兵器。如果这些配属的航空兵器构成陆、海军的组成部分，它们就应当：①分别列入陆海军预算之内；②由编制到使用，完全置于陆海军直接指挥之下。[12]76 杜黑认为陆海军的配属航空兵应当与各该军种的总实力和编制成比例。因为能够决定配属航空兵恰当编制的唯一机构就是陆军或海军，它们最清楚自己的情况，能决定最适于促进各自活动的空中兵器。因此，作为陆海军组成部分的航空兵，在供应、纪律、使用和训练方面必须置于各该军种的直接控制之下。这样，作为空中力量集团，它们只能为陆军或海军提供特定服务，不能用于夺取制空权。

另一方面，既然夺得制空权就是使敌人陷入不再能飞行的地位，失败的一方也就被剥夺了使用配属航空兵的可能。所以，使用配属航空兵的可能性取决于夺取制空权的结局，而对这一结局，配属航空兵完全不能施加任何影响。结果，分配给配属航空兵的航空兵器是脱离了最重要目的的兵器，也就毫无价值。[12]106

既然夺取制空权以后，没有必要再用飞机去执行配属任务，那么，配属航空兵当然是无用的、多余的和有害的。无用是因为如果没有制空权它不能活动；多余是因为如果夺得了制空权，可以用独立空军的一部分执行配属任务；有害是因为分散了实现最重要目的的力量，使得这一目的更加难以达到。[12]106 杜黑认为首先建立了配属航空兵却迟迟不能建立独立空军的原因有两条：一是由于在第一次世界大战时，航空兵还处于幼年时期，作战能力弱小，而军队被传统势力统治着，对于飞机的价值和建立独立空军

缺乏必要的认识。二是人们对于飞机的价值有个由表及里、由浅入深的认识过程。他形象地说：世界大战中飞机全部作为配属使用，这是真的。“由于从高空容易看清和投下物体，人们接受了侦察和轰炸；由于需要防御它所造成的损害，人们接受了驱逐机。战争中全部航空活动仅在于此，没有再进一步。在整个战争中，敌对双方的空中力量相互侦察，轰炸、驱逐。夺得空中优势的一方比劣势一方进行更多的侦察、轰炸、驱逐。航空兵死死地束缚于地面军队，离不开它，其活动也只限于在战场上为这些军队直接服务。”因此，为了夺取制空权就必须建立独立空军。

## （二）独立空军的定义和组成

按照杜黑的理解，独立空军的含义是：“组成能够夺得制空权的空中力量的所有航空兵器的总体。”[12]37这个定义包含了三层意思：一是独立空军的基本使命是能够夺取制空权。每个军种都有自己的基本使命。陆军的基本使命是控制陆地，海军的基本使命是控制海洋。与陆军和海军基本使命相对应，空军的基本使命是控制天空。基本使命是由军种的本质决定的。空军是在天空活动的军事力量，天空是空军活动的主要场所。空军要在天空自由活动，必须要首先控制天空，也就是掌握制空权。只有这样，才能保证自己飞行，同时不让敌人飞行。因此，空军的基本使命是夺取制空权。二是空军是由组成空中力量的所有航空兵器构成。杜黑认为，组成空军的不是部分航空兵器，而是所有航空兵器。这是杜黑关于独立空军的一个基本思想，空军应当掌握所有空中作战资源，而不应当把它分散配置于独立空军和配属航空兵。独立空军建立后，配属航空兵已经没有必要存在。三是所有航空兵器必须组成总体。杜黑在这里使用的是“总体”两个字，这个“总体”不仅是数量上的“全部”，而且，还是由不同航空兵器按一定比例构成的“总体”，也就是独立空军的结构问题。在明确了独立空军定义后，杜黑指出，组织和使用独立空军的目的是，摧毁敌人一切飞行器、夺取制空权。从独立空军的概念和组建目的出发，杜黑讨论了空军的组成问题。

杜黑采用从个体到总体进行归纳的方法，论述了独立空军的结构。要夺取制空权，必须摧毁敌人的一切飞机。如何摧毁敌人的一切飞机呢？他举了个很形象的例子：要消灭鸟类，仅仅射下空中飞行的鸟是不够的，还必须要摧毁鸟蛋和鸟巢。同样，在空中消灭敌机是效果最差的方法，更好的办法是摧毁它的机场、供应基地和生产中心。摧毁这些目标需要“轰炸队”进行空中轰炸。因此，轰炸队是独立空军的基本组成部分。在轰炸机执行任务之前，驱逐机必须先从空中清除敌方的干扰。这种驱逐机杜黑称之为“空战队”。

因此，杜黑认为独立空军在建制上应由轰炸队和空战队组成，轰炸队用于攻击地面（水面）目标，空战队用于保护轰炸机对付可能的敌方抗击。杜黑进一步论述了轰炸队和空战队关系。他指出，独立空军的轰炸队越强，它的破坏力也越大。另一方面，空战全部实力只需要按比例大于敌人的战斗实力，也就是说，只需要强大得足以比敌空战队占优势就可以了。一旦夺得制空权，就不再需要空战队。轰炸机则相反，一旦夺得制空权，轰炸队就可以全力进攻，从空中摧毁敌人。最后，杜黑将一支独立空军的构成归结为两个方面：最大限度的轰炸力量和与敌人可能实力成比例的空战力量。

在杜黑的时代，夺取制空权的方法主要有两种：以战斗机为主，在高射炮等地面防空兵力支援下，通过空战和对空作战消灭空中敌机夺取制空权；以轰炸机为主，通过摧毁敌机场和停放在机场上的飞机夺取制空权。杜黑推崇的是第二种。第二次世界大战统计资料表明，消灭1架敌机，通过空中进攻摧毁敌机场和停放在机场上的飞机，比通过空战消灭空中的敌机需要出动的飞机架次少得多，因而是一种更为有效和经济的做法。在现代高技术局部战争中，除了上述方法外，较多使用的是通过对防空系统结构的破坏，瘫痪对方防空系统的方法夺取制空权。

在杜黑时代，飞机的专业分工还比较简单，主要机种有轰炸机、战斗机、侦察机等。攻击机、运输机等还在形成中。所以，空军的结构主要由轰炸机和战斗机两部分组成。当然，这并不排除空军装备必要的侦察机。现代空军的结构要复杂得多，主要作战力量有用于进攻的轰炸机、攻击机（强击机）、战斗轰炸机（歼击轰炸机），用于空战的战斗机（歼击机），用于支援作战的空中指挥机、侦察机、电子战飞机、运输机、空中加油机等。采取空防合一体制的空军还编制有地空导弹、高射炮、雷达等地面防空力量。美国空军中虽然没有地面防空兵力，却包括了战略导弹部队和航天部队。

杜黑强调空军以进攻性轰炸队为主，即“最大限度的轰炸力量”；以空战队为辅，即“与敌人可能实力成比例的空战力量”。杜黑的观点与当时部分人推崇战斗机和空战形成了鲜明的对照。对杜黑的这个认识，虽然学术界存在较大争议，但实事求是地说，杜黑的观点更符合空军的本质与特性。世界上建设最成功的空军，都是对地面目标轰炸的飞机占主导地位类型的。

### （三）轰炸队及影响其性能的技术因素

杜黑要求轰炸队必须拥有充分的打击力量以保证能取得真正的重要成果，同时，又强调了支配空中进攻活动的基本原则是：一次轰炸必须能摧毁它所指向的目标，从而免除对同一目标进行第二次轰炸的必要。对此，杜黑提出了轰炸队所必须拥有的作战能力标准：轰炸队要能够摧毁直径500米的指定面积上的一切目标。[12]38按照这种方法确定的轰炸队的飞机数量是一支确定的力量。由于轰炸队在进攻过程中会受到敌空军空战队和地面高射炮的抗击而损失一部分飞机，因此，轰炸队还应当保持一定数量的预备飞机。

杜黑把决定轰炸机作战能力的性能归结为：速度、活动半径、升限、武器、有效载重，并对每种性能对作战能力的影响进行了说明。

1. 速度

杜黑认为，轰炸机应当是一种中等速度的飞机。因为，在敌人抗击下遂行任务的轰炸部队要由空战队支援，不需要逃跑或避开敌人的攻击，所以轰炸机不需要有大于驱逐机的速度。另一方面，飞机的大速度总是以牺牲载重为代价才能获得，所以不需要为求速度而牺牲载重。

2. 活动半径

杜黑把活动半径定义为，作战飞机从自己机场飞出又能依靠自身动力返回的最大距离。[12]41他认为：轰炸机的活动半径应尽可能大，活动半径越大，突入敌方领土也越深；活动半径完全取决于发动机的燃料消耗量和飞机的载重能力，载重能力越大，活动半径越大。轰炸机的载重量除乘员外，应按比例分配于燃料载量和炸弹载量。我们应该关心的是确定轰炸机的正常活动半径，它取决于两个因素：在正常作战时候打算要攻击敌人目标的分布情况；选择一种在正常活动半径内能携带足够摧毁该目标的炸弹量的飞机。据此，轰炸机的正常活动半径应是200～300千米，活动半径的伸缩性还可以在构造上采取一些措施加以保证，能在燃料和炸弹的重量之间加以调节。

3. 升限

升限是指飞机进行动力飞行能够维持的最高高度。飞机的飞行高度是由飞行中产生的升力决定的，飞机的升力是由其速度、机翼面积、空气密度等因素决定的。杜黑认为，飞行高度越高，飞机受高射炮打击的危险性越小。按照当时的飞机技术水平，他认为正常的升限应在3 000～4 000米。

4. 武器水平

杜黑主要论述了轰炸机装备小口径速胜武器用于自卫的必要性。轰炸机的首要条件和主要目的是携带炸弹和装备适当的投弹机构，但为了保持乘员士气，使其在面临敌驱逐机攻击时不至于完全束手无策，某些防卫武器也是必不可少的。

5. 有效载重

杜黑认为任何飞机的最大有效载重是预先确定的固定值，它等于乘员、燃料、武器三种因素重量的总和。乘员要考虑可能的损失，自然应保持在必不可少的最低限度。按照正常作战的需要，一架轰炸机的总的有效载重应保证能携带足够的炸弹，以避免一个轰炸队编入太多的飞机。因此，杜黑说："我认为，一个轰炸队的飞机应介于4架和12架之间。"[12]43

关于炸弹中破坏物质的效力，杜黑认为破坏物质效力增大一倍，独立空军的力量事实上也就自动增大一倍。他把破坏物质分为三大类：炸药、燃烧剂、毒气，这些破坏物质的使用规则是：除各自使用发挥效力外，它们还应综合使用。在摧毁民间目标如仓库、工厂、商店、食品供应站、居民中心时高效炸弹将起次要作用，而燃烧剂和毒气将用的更多。这些地方用燃烧弹引起大火更容易破坏它们，而毒气弹可以使人们的一切活动在一段时间内瘫痪。只有在特殊情况下如破坏跑道、摧毁机场，高爆炸药才更有用。

## （四）驱逐机发展过程及决定其性能的技术因素

杜黑首先界定了“空战队的主要职能是在轰炸机执行任务时为其清除途中可能出现的任何空中抗击。因此它的设计和装备应主要用于空战。”[12]44然后，他简要回顾了驱逐机①和空战的发展过程：第一次世界大战前流行的观点是空中进行战斗是不可能的，因此最初参战的飞机都没有适于战斗的武器。但是空中战斗成了现实并继续发展，飞机开始携带武器，飞行员开始学习进攻和防御，空中机动动作出现了。在驱逐机的发展中，人们从空中格斗看出，速度和飞机的军械对飞机的能力影响最大，飞得快的飞机较飞得慢的占有优势，它能自由地打和跑。于是人们为了获得速度和机动，损失了其他一切，把驱逐机的乘员限定为一人，也缩短了飞机的活动半径。

杜黑分析了驱逐机受欢迎的两条原因和由此造成的后果。一是驱逐机与其他作战飞机相比，任务不太固定，有更大的活动自由，飞行性能优势明显，易攻击其他飞机，相比之下，危险性较小。二是驱逐机通常直接负责保护高级司令部，因而受到高级司令部的偏爱。由此造成的后果就是，驱逐机这一机种的迅速发展，冲淡了人们对国防问题的全面考虑，妨碍了对制空权含义的正确理解。

杜黑认为：“在空战中决定胜利的是火力。速度只能用来捉住敌人或脱离敌人，仅此而已。”[12]47他这样论述：一架较慢而带有重型武装的飞机，能用自己的武器打开通路，永远能战胜较快的驱逐机；一支由速度较慢而武器较强的飞机组成的空战队，能够顶住敌驱逐机的火力，成功地完成自己的任务。因此，杜黑认为，驱逐机的速度、活动半径和升限都应优于轰炸机；驱逐机应该向具有强大的火力、更强的防护力方向发展。为此，他提出了制造有效载重为一吨的飞机，而这一吨载重能力不是用来带炸弹，而是用来装枪炮。

杜黑还对空战队的组织与作战方法提出了自己的看法。他认为：“空战队的组织应当使许多飞机能编队作战；它的作用是要能在任何方向上集中

① 即现在西方国家所指的战斗机，俄罗斯和受其影响较大的国家所指的歼击机。

最大火力，击退敌人的空中进攻，或至少使敌人难以接近。与这样的空战队相比，速度和机动全部占优势的驱逐机就没有什么长处了，而将暴露出它武器不足的短处。”杜黑关于驱逐机编队空战的看法无疑是非常正确的。杜黑的这个看法，是从他对第一次世界大战中轰炸机与驱逐机对抗的作战实践中总结出来的。空中进攻作战是一种主动的攻势作战，为了集中火力，也为了能够更有效地突破对方驱逐机的空中拦截，大战中后期，轰炸机开始使用编队轰炸的方法。对于由数架至数十架轰炸机编成的密集的战斗队形及其形成的绵密的火力网，驱逐机仍然采用单机空战的方法，效果显然是非常差的。第二次世界大战中，轰炸机更是编成了数十架甚至数百架、上千架大机群，驱逐机只有采用编队空战的方法才能进行抗击。这里需要指出的是，驱逐机的火力固然重要，但速度和机动力仍然是决定其战斗力的基本因素。如果只是火力猛，速度和机动力不能与之配套，驱逐机的战斗力仍然不强。因此，对于驱逐机的火力、速度、机动力，应从整体上加以考虑，使三个要素形成较好的组合，驱逐机的战斗力才会高。

最后，杜黑表示，这里对空战队只不过提出一个概略的构想。组织空战队的具体细节，应该在占有更加详尽资料和具有实际经验后才能确定。

杜黑认为“军备的稳定性”实际上是说独立空军的结构和编制体制，需要保持一定的稳定性，而且独立空军的构成永远如此。杜黑首先对独立空军的组成又进行了描述：独立空军的飞机应包括轰炸队、空战队和其他类型的飞机。主要成分永远是轰炸机和战斗机。杜黑认为，空军面临的严重问题之一就是军备的不稳定性。这是由于航空技术的快速发展，使得飞机的性能不断变化引起的。为此，杜黑列举了决定驱逐机能力标志之一速度的纪录每天都在创新，飞机的设计每三个月就会发生改变。驱逐机的军备显然是不稳定的。今天代表最新技术成果的，明天可能就要过时。轰炸机也是如此，出现了一种将大速度和大载弹量结合起来，依靠速度摆脱驱逐机攻击的昼间轰炸机。杜黑指出，追求速度摆脱敌机截击的思想是错误的。理论上的尽善尽美总是会走向极端，飞机的设计应该立足于在敌人抗击中作战，应该追求飞机的整体性能与能力。“因此，独立空军的实际军备决定着一支真正有效的空军需要什么样的军备稳定性。”

## （五）未来航空技术的发展对飞机性能的影响

杜黑依靠当时航空技术发展的趋势，针对未来航空技术的发展对飞机性能的影响作了一番论述。

1. 增大飞机和起飞、降落装置的安全性

杜黑认为一架飞机在空中有自身的安定性，能自动保持平衡，但有可能由于不正常的大气条件或飞行员的动作等原因而失去其自然的平衡。在这种情况下如果飞行员头脑清醒，下面又有足够的空间，他就能很容易使飞机及时改平飞。但如果飞行员惊慌失措而飞机继续失去控制，那么不管高度如何都会坠毁。为了尽力避免这种情况的发生，杜黑设想能否在飞机上安装某种机械装置，防止飞行员有意无意地使飞机失去平衡。这就需要发明一种机构，能使飞机在飞行中自动保持安定。这样操纵一架自动平衡的飞机就和驾驶一辆汽车一样简单，在飞机爬高时加大发动机功率，下降时减小功率，用方向盘左右转弯。杜黑还肯定这个目标不久就会实现。

起飞和降落是飞行中最困难的两个动作，杜黑认为原因在于飞机由流体介质进入固体介质时物理阻力有差别以及地面空气的扰动。两者之中，着陆更为困难，着陆速度越大，危险也就越大。因此，要求一架飞机能以很低的速度着陆，而另一方面却要求越来越高的飞行速度。杜黑相信航空科学技术正试图制造一种飞机，飞行速度更大，而着陆和起飞速度更小更安全。

另外，杜黑还认为，地面上的改进，例如较好的机场、跑道和通信系统也将有助于飞机的安全。

2. 废弃那些目前在飞机制造中使用的会变形和变质的材料

杜黑指出，当时制造飞机使用的一些脆弱的材料（如木材和帆布）存在缺点，它们具有弹性和质轻的特性，但缺乏构造的均匀性，由于气象原因，这些材料很快就会损坏。结合航空材料的发展趋势，他进一步指出未来理想的飞机必须全部用金属制造，因为金属性质稳定，不容易变形，而且还可以减少将飞机放入机库的必要性，这在战时将大大节省时间和劳力。

3. 增加飞机运载能力和活动半径

杜黑指出增加飞机的运载能力符合明显的经济原则和增加飞机活动半

径的要求。[12]69较大的运载能力可以成正比地降低制造和使用的总成本，此外，还可以在一定限度内改变有用载重与燃料重量的比例，因而，增大飞机总运载能力也就能延长它的活动半径。

飞机升空靠的是机翼，飞机的全部重量分布在翼面上。由于每平方米翼面承受的重量不能超过一定限度，因此飞机的运载能力将取决于翼面。需要的运载能力越大，翼面也需越大。杜黑列举了当时意大利出现的一种以三翼组为基础的无尾飞机，它经过试飞成功，但只能在水面上起飞降落。杜黑认为这在军事上可能有利，因为战时的轰炸不会像摧毁地面机场那样容易摧毁水面机场。

4. 以较少的燃料增大速度改善性能

杜黑详细论述了飞机发动机功率和空气密度，飞机在不同高度飞行时空气密度产生的升力和阻力的关系。增大飞机速度主要靠增大发动机功率，功率越大，克服空气阻力的能力也越大，最终速度也就越大。但增大发动机功率是不经济的。由于空气阻力随着高度的增加而变小，因此保持发动机功率不变，飞得越高，速度就越大，性能越经济。但是又由于决定发动机功率的重要因素气缸的进气量随着高度升高空气变稀薄，发动机的功率不能保持。在这种情况下，杜黑设想各国的技术人员可以在将来使发动机在任何高度都能吸入具有海平面同样密度的空气。

杜黑又根据当前航空技术发展的趋势，肯定了未来远距离的空中航行将会有很大的进展，这就为民用航空技术的发展准备了条件。

## 四、军用与民用航空相互发展的思想

杜黑认为，军用航空与民用航空在技术上是互通的，应该结合起来发展，“独立空军的许多需要和装备除依赖军事方面的进展外，还可以依赖民用方面的进展加以解决”[12]51。可以说，是杜黑提出了军用航空要与民用航空结合发展的重要思想。杜黑的这个思想引申到国防，就是国防的发展要与国家经济的发展结合起来，寓军于民才是国防发展的可持续发展之路。杜黑的这个思想，在第一次世界大战结束后世界大裁军的浪潮中，军事对航空需要不足的情况下，更具有特殊的意义。实际上，当时很多国家也是这么做的。欧洲的一些国家利用闲置的轰炸机和飞行员，经过适当改装和改训，就作为民航飞机投入使用，促进了民航的发展；反过来，民航的发展，又为军事航空的发展积累了技术等物质基础，降低了军用飞机的研制成本和周期。杜黑认为，民航飞机和军用运输机、轰炸机，其相互之间是可以直接转化的。

## （一）关于民航技术特点的论述

在杜黑看来，人类依靠天才和勇敢经过上千年的试验和失败而造出来的航空机器，是运输史上最快和最出色的发明，它的最终发展现在无法预言，但可以肯定它将有很长的寿命。因此，空中航行是一种文明进步的手段，它有不断发展的未来。同其他交通工具相比，空中运输工具有两个基本特点：

1. 它是“现在”最快的工具

这是由两点决定的，一是在杜黑的时代，飞机的速度是火车、汽车、轮船的4～7倍；二是飞机在两点间进行空中飞行时飞直线，不像车辆行驶要受到地面弯弯曲曲道路的限制。

2. 它不需要按通常意义理解的道路[12]81

杜黑认为道路是组成交通工具的基本要素之一。火车本身不能成为交通工具，汽车也不能在只由羊肠小道连接的两点间移动。海洋运输中道路因素虽然不那么重要，但是有时为了缩短水上距离需要耗费繁重劳动去建造运河。只有飞机能够不受限制地沿整个地球表面运动，只需要一个起点和一个终点。

由于这两个重要特点，杜黑相信飞机的发展将加快现有交通的发展，并可能在地球表面各点之间，不论它们多么分散和遥远，建立起更快速更经济的联系，从而鼓励了空中航空的发展。另外，飞机可以飞越没有正常道路和铁路的偏僻乡村，从而解决这些地区的交通问题。

## （二）发展民用航空可使空军拥有庞大的后备力量

杜黑界定了什么是与国防直接有关的民航活动。他说，这类活动就是储备能直接用于国防，即用于独立航空兵和配属航空兵的手段，这就是可以转变为独立空军核心的轰炸和空战专业人员。[12]88

杜黑认为民用航空使用飞机、训练飞行员并在实际活动中储备这些人员，利用各种航空设施，这就是国防机关可以直接加以利用的一切手段。[12]89例如飞机，只要满足一定条件，就能很快很方便地转为作战飞机。又由于这些手段也能满足国防需要，国防机关也就对民航的发展发生兴趣。关于人员训练，对民航提出的唯一条件是发生战争时能立即做好动员准备，在平时则应进行最低限度的军事训练以满足动员时战争勤务的需要。所以，国防航空部门应对民航进行监督和指导，并给予民航一定数目的补贴。

至于飞机本身，在当时军事航空界存在一种误解，认为民用飞机不能用于军事目的，认为两种飞机应具有不同的特性。杜黑论述产生这种误解的原因是，人们普遍认为军用航空全部使用性能极高的飞机，而民用航空的飞机只要求中等性能。进行空战的飞机，除个别空中作战活动外，并不要求性能极高而只需要中等性能的飞机就行，因此，民用航空只需加装一些特殊的设备，军事航空就能使用。杜黑承认从绝对意义上说，一架能满足军民两方面要求的飞机对任何一方都不是完美的飞机。

关于民用飞机可用于军事目的的原因，杜黑认为，首先，从国家安全需要出发，不论平时还是战时，都需要维持一定规模的独立空军；而从经济角度考虑，没有任何一个国家富裕到能保持一支随时可以出动的充分的军事航空力量。一切国家不论贫富，都不得不需要将它的民用航空力量用于军事目的。从国家安全和经济发展的双重角度出发“我们应当努力组织一支在需要时能够立即改造为强大的军用航空的强大的民用航空，而使前者在和平时期缩减为一个用于训练和指挥的架子部队。”[12]132其次，军用航空如果能经常依靠活动的民用航空，它就能始终掌握最新式的飞机，如果完全依靠自己，就会发现常常装备着老式飞机。

杜黑认为，飞机使交通运输的速度大为提高，并有可能在地球表面各点之间，不论它们多么分散和遥远，建立起更快速更经济的联系。这种联系不仅对于一个国家的经济建设有好处，而且对国防也大有好处。正向他指出的：“民用航空的发展，对国防非常有利，因为民用航空所准备的一切工具都很适宜于军事上的目的。”“民用航空使用飞机、训练飞行员并在实际活动中储备这些人员、利用各种航空设施。这就是国防机关可以直接加以利用的一切手段。”这样，空军不仅可以不断得到新型飞机，而且还拥有庞大的后备力量。

首先，发展民航可以推动航空工业的进步，有利于空军掌握新式飞机。杜黑指出，兴旺的民用航空事业，尤其是民航对航空器的大量需求，可以刺激航空科技不断现代化以及整个航空工业的不断发展。大量技术专家、训练有素的工人和诸多工业部门转向这新领域的生产，国家的注意力大量集中到这种新工业上，必然促进航空工业的迅速发展，而航空工业既是带动整个国家工业发展的龙头，又是发展军事航空和国防空中力量的基础。所有国防机构都能从航空科技进步和航空工业发展中间接得益。随着民用航空的发展，空军的许多需要和装备除依赖军事方面的发展外，还可以依赖民用方面的发展加以解决。军用飞机的装备费和维持费都是巨大的。如果单靠军队自己的力量，也将很难保证始终拥有最新式的飞机，而军事航空依靠经常在活动着的民用航空及其研制机构，就能始终掌握最新式的飞机。具体来说，如果军事部门需要某种特殊类型或具有特殊设备的飞机，它只需向从事航空科研和试验的机构提出要求，请他们研究这个问题，生产这种飞机，军事部门将比通过其他途径能得到更快更满意的答复。

其次，民航运输队伍战时可以征召改编为军事空运力量，为战略空中机动提供便利条件。杜黑指出：“民用航空工业的改善将提高空中力量的军事价值……掌握一支巨大的空中运输队伍，从军事意义上说，将相当于拥有一支随时准备保卫本国利益的巨大独立空军。”在这里，他实际上是预见了这支巨大的空中运输队伍对于“战略空中机动”的重要意义。这在世界战争史上已屡见不鲜。在第二次世界大战中的中印缅战区的“驼峰空运”中，中国航空公司就直参加，为战争服务，并为此损失46架飞机。现代高技术局部战争，爆发突然，节奏快，持续时间较短，甚至一次战役或战斗就是一次战争，初战就是决战。因此，快速部署，把需要的精锐部队在尽可能短的时间内机动到战区，具有重要意义。海湾战争初期，美军之所以能很快稳定战局和很快改变战区内与伊拉克地面部队的力量对比，靠的就是“战略空中机动”，就是依靠包括民航在内的强大的空运力量，跨洋越洲，在很短时间内，把作战部队和物资投放到了战区。美国空军的军事空运司令部，从“沙漠盾牌”行动开始，就依靠民用航空公司来帮助其完成艰巨的空运任务。开始时，有近40架大型运输机参加；到第二阶段又增加了59架远程客机和17架远程货机。在此次战争中，空运了全部作战物资的15%和54.4万人，其中民用后备航空队和租赁的志愿民航运输机运送了27%的物资和64%的人员，足见民用空运力量对于军事空运的巨大潜力。

再次，民航机场可为空军提供完善的基地保障网络。杜黑对空军基地网的建设十分重视。他说："为发挥空军最大作战效能创造最有利条件……必须要有作为降落场使用的大量空军基地""必须重视空军基地或组成独立空军的各个部队的驻扎基地的配置……组成大小不等的基地群，以便充分利用各个飞机的活动半径，也使整个独立空军获得最大的活动半径"。的确，空军基地是空军航空兵作战的依托，从某种意义上说，空军基地的建设与作战部队的建设同等重要。有许多关键地区的基地，即使是数量不多，也具有极为重要的战略价值。如美国空军，一个关岛基地，就能使其空军的战略航空兵控制西太平洋，一个迪戈加西亚基地，就搞活了他们在中东和印度洋上的作战活动。然而，空军经费有限，平时用于维修现有基地都有困难，要建设大量新的现代化基地更加困难。积极发展民航，既可以由民航修建必要的新的现代化机场，又可将一部分军用机场改为军民合用，由民航出资进行改造。这样做的结果，必然使国家的机场网络更加严密和完善，为战时更加充分发挥空军的作用，奠定坚实的基础。

最后，民航可以为空军储备大量的飞行、维修和其他专业技术人才。平时空军军费有限，养不了那么多部队，规模不能太大，而打起仗来却需要迅速扩编部队、补充损伤，临时训练又来不及。因此，积极发展民航，并把年龄偏大但尚能飞行的飞行员或其他人员及时转入民航系统，是极好的战备措施。这些人员战时稍加恢复，就可以担负作战任务。关于人员训练，杜黑认为，对民航提出的唯一条件，就是发生战争时能使这些人立即作好参战准备，在平时则应进行最低限度的军事训练以满足动员时战争勤务的需要。要满足这种条件，应由军事航空部门进行指导和监督，并给予一定的训练经费。

杜黑关于民航的发展使空军拥有庞大后备力量的这些观点具有重要的战略意义。目前许多国家就特别重视军事航空后备力量建设，某些具体措施在一定程度上就是杜黑思想的再现。例如，美国在朝鲜战争后便颁布法律，建立了民用后备航空队，作为军事空运部队的后备力量。民用后备航空队由全国的民用航空公司中选定的大中型运输机组成，平时对指定的飞行员有组织地进行军事空运训练，并由空军拨款对这些飞机进行预先改装，以便在战时征用时，能按空军的需要迅速改装成能遂行军事空运任务的飞机。这一寓军于民的重要措施，不仅缓解了美国空军现役军事空运力量不足的问题，而且还在一定程度上节省了军费。自组建以来，民用后备航空队平时就承担了部分美国国内的军事空运任务，使现役空运部队能集中力量完成海外的战略空运任务。民用后备航空队的征用量大，承担任务多、反应十分迅速，表明这支后备力量的建设已经达到了很高水平。

### （三）鼓励和支持与国防无直接关系的民航技术的发展

杜黑认为与国防无直接关系的民航活动包括：涉及航空科学进步和工业发展的各方面、改善本国航空工业和商业在国际竞争中的地位的各方面。[12]91这个领域由于明显的军事原因，国防部门永远不能直接参与。其原因主要有三个方面：一是因为航空技术的科学研究和实验并不具有特殊的军事性质，所有这类机构应对全体航空研究人员开放，这样可避免垄断导致的萧条。二是军事部门不应负责监督民用飞机的适航性和飞行员训练，如果军队参与了这些事，不仅增加了额外负担，而且会在军航和民航之间产生不和。三是这类活动代表国家整体利益，国家要向航空工业提供保护，进行宣传，提供研究和实验经费以促进它的发展。国家应组织专门的部门进行管理，建立专门的预算用于对国防无直接关系的民航活动。

杜黑在论述了民用航空是空军后备力量这一思想的基础上，强调要从国家安全的战略高度看待民用航空事业的建设，指出民航事业以及航空工业的发展水平，事关一个国家的安全利益和未来的国际战略地位。由于发展民航“构成了政治力量、国家财富、军事安全的一种手段”，尤其是对“国家安全上的好处”，因此，他主张军航民航分治，积极倡议发展民航，呼吁国家要鼓励、关心航空线的建立和有效的运行，包括开辟“短途地方航空线和长途大型飞机航空线”，建立“大量的空中航线”，构成“巨大的航空网”，建设众多的“航空港”，促进民航的发展。他强调，在计划建立航空线时，必须从大局观念出发，考虑到上面列举的各种好处，而不要局限于计较当前的开支。

他甚至提出，“国家应将一大笔国防经费用于进一步发展和平时期的民用航空”。民用航空的一切与国防直接有关的活动，应得到国防机关的支持。应当从军事航空的经费份额内给予一些财政补助，随着民用航空的发展扩大和自给自足，这种财政补助将逐渐减少，从长远看，最终将减到最低限额，同时保持着一旦发生战争，能吸收民航成为一支有效打击力量的能力。军用航空还可以提供更多合作来帮助民航发展，可以委托民航担负一些非纯军事的活动，如训练飞行员、机械员、维修人员。总之，各种非纯军事的专门技术训练，都可以交给民航去办。飞行员不论军民都应成为他们飞机的主人；机械员不论军民都应懂得发动机，并了解如何使其保持运转。因此，所有航空技术训练都可以委托民航企业，这样可以减轻军事机关的负担，降低开支，并刺激民航的事业心。在杜黑看来，军事航空既能鼓励民用航空做许多事情，同时又保证了自己的利益不受干扰，且在战争中将会受益。

至于民用航空与国防没有直接关系的一切方面，杜黑指出不论其与国防关系如何，也应受到国家的支持和鼓励，因为这些活动都与国防间接有关。这类活动包括涉及航空科学进步和工业进展的各方面、改善国家航空工业和航空商业在国际竞争中的地位的各方面。比如，航空工业应大量发展出口贸易，这对于国防是十分重要的，这样就能大量生产优良产品，以满足战争时期的需要。对于国防来说，具有一个有出口贸易的航空工业加上几个中队的新式飞机，要比具有一个需依靠进口物资的碰运气式的航空工业加上大量用凑合的装备武装起来的中队不知要好多少倍。因此，航空技术应当作出努力，使本国的工业能和外国竞争，这对国防也是有利的。因此，国家要向航空工业提供保护，进行宣传，提供研究和试验经费以促进它的发展。国家应建立专门预算用于对与国防无直接关系的民航活动。为了推动国家的航空工业发展，需要明确的方向和保障措施。国家必须制定明确的航空政策，否则不能达到目的。

杜黑的这些观点，已为世界各国广泛采纳。发展民航，是人类文明、社会进步的重要标志。平时能够扩大开放，联系世界，方便人民，繁荣经济；战时可为空军的发展和作战奠定雄厚的物质基础。

## （四）航空事业应坚持军用和民用兼顾

杜黑认为，发展军事航空需要大量资金，没有一个国家富裕到能保持一支随时可以出动的完全能够满足战争需要的军事航空力量；民航可以作为空军的后备力量，因此，他建议在和平时期，发展航空事业应当坚持军用和民用兼顾的原则，这样既有利于平时的国家建设和发展，又有利于战时的军事需要，可以一举两得。在这一问题上，他的主要思想有以下几点。

1. 组织民用航空应使它在战时能用作军用航空的补充

他指出，由于一切国家不论贫富，在战时都不得不需要将它的民用航空力量用于军事目的，因此民用航空组织的方针应是建立一支强大的运输机队，并能使其立即转为强大的军事航空力量。从一定意义上说，民航活动“就是储备能直接用于国防”的“手段”，“当情况需要时，平时的民用航空能够并应迅速转为军用航空，航空部应当经常关注计划中的空运队的组织和装备，以便两者能迅速、不费力地转为战争手段”。由此他提出，应加快和尽力做到“组建一支在国家需要时能够立即改造为强大的军用空中力量的民航”，“在必要时，使之成为军用航空的力量”。在促进空中航行和本国航空工业发展时，要创造条件使它们能迅速转为战争工具。

2. 军用飞机和民用飞机可以相互改变

他认为，在当时技术条件下，军用飞机与民用飞机在功能特性上有许多相同的地方，军用航空和民用航空相互协商，一旦需要时，通过适当的技术措施，军用飞机可以改成民用飞机，反过来，民用飞机也可以改装成军用飞机。在和平时期，即正常条件下，军用飞机只有潜在的作用，表示战争爆发时它能做什么。在国家生活正常运行时，一切用于维持军用飞机的资源都是着眼于它的潜在作用。冲突爆发时能立即改变为军用的民用飞机，它的潜在价值和军用飞机几乎是一样的。但在和平时期，由于它能完成有用的民用勤务，还具有现实的价值。我们以同样的开支，利用能改造成军用飞机的民用飞机可以获得更大的军事能力；同时还能保持一支十分有效的民用航空力量。这样做的好处极大。

3. 开辟空中航路要考虑有利于军民两用

杜黑认为，为了对国家最有利，建立新的空中航线网应有助于民航的发展和军航的使用。他拿意大利举例说：本国的形状清楚指明其主要航空线应取的航路是两条，一条沿海岸；另一条经过波河流域，伸向地中海的各条航线将在此连接。这个三角形网络不仅将对意大利的民航发展起明显的作用，而且将在国防上迅速获得重要作用。它不仅能促进巴尔干各国之间以及中欧非洲和亚洲之间的空中交通，而且这个三角形网络还能用于未来的战略空中机动。例如，在战争爆发时，可以在波河谷地或沿海前线迅速集中航空部队。

4. 国家必须成立最高航空机构，来领导关系到地方和军队的航空事业

他强调，发展空中航行是一件国家大事，应由政府密切关注。建立航空线将在政治经济社会军事等不同领域内提出一系列问题。这些问题应由一个具有内阁部长权力的国家机构来解决。它应具有更大的权威，同时要与地方和军队等部门密切合作。应当有个部门将所有地方的和军队的这些航空机构及它们的职能协调成为一个负责的运作顺畅的整体。他主张，这种联合只能通过航空部来实现。航空部应有权威和能力处理地方和军队与航空有关的一切问题，不论其性质如何。而且政府主管航空的这个部门，要统一负责在战争状态下将国家的民航力量和航空工业体系迅速转入军事用途，纳入进行战争的总体力量体系之中，为赢得战争胜利服务。

在阐述了以上思想后，杜黑设想在未来战争中，当战争爆发时，所有的民航飞机将完全可以且必须交给独立空军掌握。这既包括物资，也包括人员。许多民航公司使用的全部飞机在制造时都曾考虑到它们最终要用于战争。对每一种不同的机型，都储备了合适的军械，一旦下令动员，马上可以装上去，使其适合于军用。他们的飞行人员也立即军事化，成为这些飞机的作战机组、中队长和支队长。平时通过定期地召集与独立空军的支队一起执行任务，全体人员都受到过作战训练。当然民航飞机转变为军用飞机，总不如专门为作战而制造的飞机那样有效，但是民航飞机可以用于进行次等重要的作战行动。

## （五）发展民间航空活动吸引人民关心航空事业

杜黑考虑到，为了增进人们对航空工业的兴趣，应当举办航空比赛、飞行表演、竞争、展览等活动进行宣传。[12]92 这样做的目的就是吸引广大民

众尤其是青少年关心国家航空事业的发展，并以此作为提高全民航空意识、为空军后备力量发展培养人才的重要措施。他认为，即使现在也能预见到，用于航空体育运动和私人旅行方面的飞机将迅速发展，体育性和竞赛性航空活动将会随之得到发展，大批的勇敢青年将学会飞行术；完全具有新特点的新的航空活动将会出现。国家有关部门应鼓励和促进这些航空活动，如地方的体育和娱乐的飞行，因为这也是为空军培养后备力量的一种途径。[2]14我们还要建立供出口的航空工业，以便使航空技术保持先进水平。

杜黑甚至设想在未来战争中，将会考虑直接使用业余体育航空的手段，其目的是利用从事这种飞行所具有的热情和年轻的活力。他认为，应当确立这样的信心，在战争计划中给这些业余航空活动以一席之地，到适当的时候它就会自发地发挥作用。意大利飞行家意大洛·巴尔波十分赞赏杜黑这一思想，他在为《制空权》所作的前言中专门写了这样一段话：“未来战争是关系到大家的问题，是一个严肃的问题，不应只留给职业军人去考虑，而应使政界人士、技术人员、学者、科学家都关心，而且还应引起大众的重视。因为人民才是现代战争的第一个和最后一个参加者。”

注重建设军事航空后备力量，这是杜黑当年提出的一个很重要的思想，它不仅极大地促进了空军后备力量建设和民用航空的发展，而且最重要的是它体现了“军民结合”“平战结合”“寓兵于民”的正确思路。如今，这一思想在指导实践中已经有了很大的发展。空军民航、航空工业之间的关系越来越密切。引导广大青少年参加航空活动，已成为各国都很重视的发展航空事业、培养空军后备力量的重要工作。航空日益普及，深入人心，航空活动已扩展到国家生活的各个方面，开创着日益广阔的前景。

## 五、陆海空三军协调发展的思想

### （一）陆海空三军是一件三刃的战争兵器

杜黑多次强调，国防事业必须依靠陆、海、空三军的整体力量。他说：“我并不想使我这些指出航空兵在未来战争中重要性的话被理解为降低陆军和海军的价值。我比别人都更一贯坚持，这三种武装力量构成一个不可分的整体，是一件三刃的战争兵器，用于保卫我们国家的一切人员和兵器都有同样价值——无论是在陆上、海上、水下或空中活动，它们都是必需的。在所有这些领域，需要完成同等重要的职责，需要执行同等重要的任务，赢得同等的荣誉。”[12]213 我们要把陆、海、空三个军种看作是为同一目的而结合的一个整体，都是磐石般的战争有机体中必要的肢体，都是进行战争必不可少的。所以说，杜黑在强调空中力量重要性的同时，并没有降低陆军和海军的价值，而是强调作为一个国家的整体战争工具，三军是同等重要的。

过去，杜黑的制空权理论曾被许多人理解为“战争的胜利只需要有空军就行了”，这种看法是对杜黑观点的曲解。事实上，他并没有说过只要空军就能够赢得战争，相反，他在提出空中战场是决定性战场，空军是决定性力量观点的同时，一再强调：“当我说空军是决定性的时候，并不意味着说空军是胜利的唯一的因素。如果那是我的观点，我会合乎逻辑地提倡取消陆、海军；因为如果胜利可仅靠一个因素，即空军的因素来取得，其余两个军种就完全没有用处了。”“在未来战争中它也不是唯一的胜利因素。”可见，他丝毫没有要抹杀陆、海军作用的意思。

在他的著作里有一处曾经为批评他的人所引用，即：“一支空军能单独用它自己的手段完成战争使命，而完全不必有陆海军参与。”乍听起来，这是货真价实的“空军制胜论”。然而，我们不应忽略这句话之前他说的一段话：“陆军虽然主要是一支地面军队，它也可以拥有在水上航行的作战手段，以协助完成陆上作战任务，但这并不排除海军单独用自己的海上手段完成作战使命而完全不必要有陆军参加。同样，海军主要是一支海上军队，它可以拥有陆上作战手段，以协助它完成海上作战任务。这一事实并不排除陆军可以单独用自己的陆上手段完成作战使命而完全不依靠任何海上手段。依次类推，陆、海军都可以拥有空中手段，以协助完成各自的陆、海作战任务。但并不排除这种可能性、现实性，甚至必要性，即有一支空军能够单独用它自己的手段完成战争使命。”可见，杜黑说这段话的目的非常明确，即“空军合乎逻辑地应被赋予和陆海军同等的重要性”，其前提显然是承认陆、海军的重要作用的，在这里仅仅是强调空军和陆、海军一样能在一定条件下完成战争使命而已。丢掉他前边说的陆、海军具有同样能力的大段话，岂不成了断章取义。

还有人把杜黑《19××年战争》一文所描写的数天之内用空中轰炸就取得了胜利，作为判定杜黑理论是空军制胜论的一个根据，其实杜黑在该文的导言中已经说明，他“描述这场冲突的发展过程，主要是其中的航空兵部分”“对陆上和海上的事件将简短地叙述”。同样没有否定陆军和海军的作用。

杜黑始终是把陆海空三军作为夺取战争胜利的国家武装力量的一个整体来看待的。他强调空军的重要作用，是建立在必须充分发挥三军整体力量作用的基础之上的。由此也可以看出，把杜黑理论定名为“空军制胜论”是不恰当的，以空军制胜论的结论来全盘否定杜黑理论更是没有根据的。

### （二）陆海空三军在战争中必须充分协同

杜黑说，陆海空三军要充分发挥出整体力量的作用，必须认识到三军有着同一的目的，并且要为实现这一目的而相互密切协作。因为，战争中陆海空三军虽然在各个战场上各自将以不同的武器进行作战，但它们都是为了胜利这一目标。为了获得最大效果尽快取得胜利，它们就应该充分协同并相互协调。

首先，从必要性上看：杜黑认为，战争中使用陆、海、空军，虽然在各个战场上各自将以不同的武器进行作战，但仍将为一个共同的目标而协作，这个目标始终如一，就是胜利。为了获得最大效果尽快达到这个目标，这些力量应当充分协同并相互协调。具有决定性作用的空军也应当始终与陆、海军合作。他打比喻说，这三种力量应作为同一产品的配料（或要素），只有适当选定配料比例才能获得最好效果。但即使三种要素比例很正确，如果他们相互间不能完善地协同，也不能获得最大效果。各军种间缺乏协同从来都是造成严重失误的原因，在未来造成的失误将更严重，因为未来战争越来越多地吸引交战国的全部活动，又出现了空中力量这一新因素，协同的重要性正不断增大。每个人都要看到三军协同的好处，都要能看到各军种特殊利益之外的东西。为此，一方面要允许陆、海、空军各自的指挥享有最大的行动自由，同时为了国防利益，要求三个军种在最高当局领导下实行统一协调的行动。

其次，从可能性上看：杜黑指出，有了空中力量之后，可以说各个军种在客观上终于结合成一个整体了，因为空军可以在陆地和海洋上空活动。“目的一致”这一含糊不清的准则就可以被“行动一致”所代替。三大军种，特别是在其必要的组织已经完成的情况下，就有条件行动一致地奔向一个目的——取得胜利，就可以在一个统一的指挥部下实现陆、海、空三军的协同。

现代战争系统与系统对抗的本质，决定了任何单一军兵种通常都难以完成整个战争的任务，而必须依靠国家武装力量发挥整体威力。现代作战中陆、海、空三军及其相应的陆地战场、海洋战场和空中战场是一个整体，需要各兄弟军种密切协同，共同战斗，总体上少了谁也不行，相互间离开了谁也不行。轻视任何军种的存在和作用，都将在战争中碰壁。而且现代联合作战，军兵种之间已经不是简单的支援和配合，而是要求组织复杂的协同，这就必须有一个统一的指挥机构。美国为了加强三军的统一指挥，于1986年通过了《戈德华特—尼科尔斯国防部改组法》，扩大了参谋长联席会议及参联会主席和战区司令官统一指挥各军种的权力。他们在海湾战争结束后总结的基本经验之一就是：这部法案“确保了各军种齐心协力地进行同一场战争”。

即使是进行杜黑所说的“空中战争”，也需要陆、海、空、天、电战场并举，需要诸军兵种共同协作。在海湾战争中，多国部队空军、海军、陆军和海军陆战队的固定翼飞机、直升机，海军的舰对岸巡航导弹，在空间的各种军用卫星保障下，采用“硬”“软”两种进攻手段相结合，对伊拉克发动了陆、海、空、天、电融为一体的，多军种武器系统构成的，全方位、全天候、高强度的联合大空袭，充分显示了现代空中整体作战的巨大威力。因此，现代战役理论认为，夺取并保持制空权是诸军兵种的共同任务，空军仍将起骨干作用，但同时，需要各军种的航空兵、防空兵、地对地远程打击力量、空降部队、特种作战部队以及民兵、游击队的有力配合，以形成强大的整体威力。

### （三）陆海空三军应由总参谋部来指挥

在空军出现之前，各国大多只有陆、海军两个参谋部，所以在空军出现之后，杜黑在1921年即意大利空军成立前两年，提出成立一个权威机构成为三军最高指挥部并协调三军的活动。他说，现在不存在这样一个机构，一旦发生战争，三军之间就不能很好地协同，而且这种协同应当由指导国家全部武装力量使用的最高当局来计划。在《19××年的战争》中，杜黑列举德国胜利的原因是建立了三军最高指挥机构，而法国失败的一个原因则是，没有一个把战争作为整体来考虑的机构，只有三个独立的当局分别负责三个不同的领域，来准备战争和发动战争。所以，杜黑认为应实行总参谋部来进行三军的统一指挥。我们今天比以往任何时候都更需要创建一个既非陆军又非海军的国家机构。它能洞察战争的总体，能不带成见地衡量各个军种的价值，通过他们的协调取得最大成果。有了这样一种战争组织，就可以看到我们是处于有利的地位，因为我们已经把各军种融合在一个单一的指挥部之下了。

杜黑在《19××年战争》中还专门写了这样一段话："德国从1927年起就发起了一次广泛的军事改革，建立了国防部和最高统帅部，这就导致取消了各种军事方面的部。总参谋长的职责非常重要。国防资源分配给三军的份额取决于总参谋长。因为他了解战争的复杂问题，他的任务是确立三军的重要地位，以便从整体上能产生最大的战争潜力。"实际上。他是把德国建立了三军最高指挥机构作为其取胜的一个原因。

杜黑总结法国失败的一个原因是："法国的军事组织有一个主要的缺陷，就是缺乏统一，因为它不是从一个根上生出来的。法国没有一个把战争作为整体来考虑的机构，它只有三个独立的当局来负责在各个不同的领域来准备战争和发动战争。这就难免三者之中每一个都只关心自己的职责，力图使自己具有完成任务最好的条件，从自己特殊的观点上去考虑战争。""法国的武装力量三部分及总参谋部分设三个参谋长的制度无疑是达到协调比例的最不恰当的制度。"

在这里，杜黑首次提出了应实行总参谋部超脱三军的统一指挥制。虽然"总参谋部"一词在杜黑时期并不是新词，但那时只是陆、海军各有自己的"总参谋部"，并无武装力量统一的总参谋部。而今世界，设立超越三军指挥三军的总参谋部已是普遍做法。这说明杜黑当时是很有远见的。

## （四）陆海空三军的发展应有所侧重

杜黑坚持陆、海、空三军作为一个整体是一件三刃的战争兵器的同时，还认为："为了祖国的利益，（它对自己的儿子一视同仁），我们应当制造一个更适用于国防的工具，在必要时改变这三面刀刃任何一面的大小、形状、作用，以便能够更深地刺穿可能敌人的抵抗力量"。[12]213也就是说，为了更好地打击敌人，陆、海、空三军在发展上应有所侧重，以使国家武装力量整体的威力更为强大。

即使是最富有的国家，它能用于国防的资源也是有限的，它能交给部队支配的资源是一个常数，由陆军、海军及空军三家共享。使用一定数量的资源，只有正确安排用于陆、海、空各军种的比例，才能够获得有效的国防。换句话说，需要正确分配用于国防的资源，使之能在战争或发生其他意外事件时用得最为有效。用于各军种的资源比例越正确，国家用于国防的开支也就越少。所以必须寻找出武装力量各组成部分之间的正确比例。这种比例将使整体的价值达到最大值。现在，国家用于国防的资源是按不可靠的经验方式分配的，各军种分得的比例更多是靠幸运的机会而不是靠真正的计划。当每个军种各自为政，都想多争得点资源时，情况也不能不如此。

那么，在三军之间怎样分配有限的资源才能达到最好的比例呢？他认为，最好的办法是把这个资源常数分配给各军种后，对于取得战争胜利最为有利。而只有把有限的力量集中在一个军种上，才能使之成为赢得战争的决定性力量，从而最有利于赢得战争，这样就能使有限的资源运用得最有效。因此，为了使其中一个军种的投入达到最大值，就必须把其余两个军种给以最低值。

具体说，三军之间的正确比例应当是：陆、海军保持最低值，即保证他们起防御作用所必需的力量；而空中力量应当给予最高值，因为空军在未来战争中将是决定性的。这样的比例才能使三军整体作战能力达到最大值。而且和陆、海军相比，按照进攻能力相对来说，航空兵的耗费要小得多，可以最大限度地节省国家的资源。

杜黑主张"择其善者而从之"，最善者必须是单数，从来不是复数。企图加强一个国家的全部武装力量，使得每个军种都成为决定性的军种，这种说法是毫无意义的，它意味着搞平均化，并不意味着最善者。

当我们今天分析杜黑的这些话时，很容易认为这是杜黑出于狭隘军种利益带来的偏见。然而，如果回视20世纪20年代意大利军队的编成情况，以及从战争样式的发展趋势来思考问题，我们就会感到杜黑的呼吁是一种多么有价值的宝贵建议。因为当时他已经看得比较清楚，在未来的战争中，空军将发挥重要的、甚至是决定性的作用，而当时的空军力量和陆军力量相比，显得很少、很弱，如果把有限的国防资源，像撒胡椒面一样平分给三军，就难以加速空军的发展，就难以适应未来战争的要求。

事实上，杜黑主张的在协调发展三军中优先发展空军的思想，后来几乎被所有的国家接受了。各主要军事强国在20世纪的30年代到60年代先后都采纳了杜黑这一思想。20世纪70年代以来，随着航空技术几次突破性的发展，导致世界范围内数次出现空军热，竞相把发展空军作为军队建设的重点。一方面，是飞机数量大幅度增加，第一次世界大战前，欧美7个军事强国只有806架，第一次世界大战中，参战国也只有8 000架，而第二次世界大战中，全世界生产了约100万架，仅美国空军一家最高实力时即达7万架，目前全世界的军用飞机维持在十几万架；另一方面，是飞机的作战威力成倍甚至几十倍上升，现代战略兵器，主要就是指超远程、高精度、大威力的空袭兵器。空军的使用价值大幅度提高，使空中力量迅速崛起，成为现代国防的重要支柱。近年来，不少国家通常把约1/3的军费用于建设空军，使空军保持着强劲的发展势头。

### （五）建立新的战争学说，培养总体战专家

杜黑认为，既然陆、海、空三个军种是为同一目的而结合的作战整体。那么，指挥这三个军种的总参谋部，就应由能够指挥全面战争的军官们组成，总参谋部的军官应是具有三军知识的“总体战的专家”，并由他们建立诸军兵种合成使用的“新的战争学说”。

当时的情况是，陆军的学员主要谈论陆军，海军学员主要谈论海军，空军学员则谈空军，当他们谈到总的战争时，每个人都强调他所属的那个军种的部分，对别的军种避而不谈。仅有军种专家，但没有战争专家。可战争是不可分割的，战争的目的也是不可分割的，空军出现后，各军种的

作战行功更是难以分割。这种情况使得难以得出个可靠的理智的战争学说的任何结论来。因此，很有必要培养一批“总体战的专家”，训练能够掌握陆、海、空三种作战工具的指挥员，也就是能够组织一个由胜任指挥全面战争的军官们组成的最高指挥部。在战时，指挥战争的这些军官应把各军种都看作是实现同一目标的一个整体的组成部分，具有为达成总的战争目的而正确指挥各军种的能力。只有他们才能找出指导战争的正确答案来，也只有他们才是建立新的战争学说的人物，当然，新的战争学说是以诸军种合成使用为基础的。

为了培养能够指挥陆海空三个军种的军官，杜黑认为，可以先成立一个他称之为军事科学院的机构，在这里从三军挑选出最有才能的、好学上进的和思想开放的军官一起研究有关三军合同作战等新问题。在这所科学院里可交流思想，肯定它或否定它，通过筛选思想，经过犹疑、不确定和否定，就能产生最后的一致意见。根据这些一致意见形成新的学说，这种学说由于它有这样的产生过程，将易于被各个军种承认和接受。

同时，这个机构还可以达到使不同军种选拔出来的军官密切地和真诚地接触的目的，可以使任一方都了解和认识到其他军种的真正价值，它反过来又带来了一个整体中各组成部分之间应当经常存在的热忱和紧密的和谐。

此外，为了实现正确分配国防资源的计划，也需要有一个权威机构来研究国防需要，并决定和按正确比例将国家资源分配给陆、海、空三军。在此基础上，有了教员和要讲授的军事概则后，就可以成立军事学院，或称之为总体战争学院。这是一个鼓励和组织学习研究有关总体战争的各种问题的场所。通过这么一个机构，人们能够在一所真正的军事院校里讲授新的军事学说，可为总参谋部训练军官，扩展指挥三个军种的军官的专业知识和才能，培养一批不是从传统的军种角度，而是从国家武装力量整体角度研究战争的军官。培养出来的军官在平时是总参谋部的得力助手，在战时则是三军最高统帅的得力助手。

杜黑的这些想法，对后人很有启发。如今，培养具有全面素质、复合型知识结构和综合能力、较强的创新精神和创新能力的军事指挥人才，已经成为各国军事院校办学的重要指导思想。

# 第五章　杜黑军事技术思想的哲学意蕴

杜黑是第一个深刻思考并系统论述制空权及其在战争中作用的人，他将一种想法提高到了一个可以研究的理论的高度。[15]杜黑理论是空军问题的科学体系。他的军事技术思想的技术基础是飞机，他回答了飞机作为空军主要装备的特性，及其对空军编成、指挥、运用原则、战略战术与其他军兵种关系、对战争形态演变的基础性和决定性作用。他的军事技术思想涵盖了空军建设与作战的方方面面，并形成了严密的体系。

杜黑的军事技术思想中蕴涵着丰富的哲学思想：浓厚的理性主义氛围、极端的技术决定论思想、军事技术发展的伦理思考和勇于创新的科学精神等。因此，他也被称为"军事界的哲人""军事哲学家"。

## 一、浓厚的理性主义氛围

在认识论的意义上，理性主义是17、18世纪在欧洲发展起来的一个哲学传统。认识论的理性主义断言，知识是由于运用理性或理智器官带来的。理性方法是通往真知之路。理性主义把数学当作知识的模型，赞赏公理化方法。[16]852

杜黑的军事技术思想充满着浓厚的理性主义氛围。[17]19世纪著名的军事理论家克劳塞维茨认为在整个人类活动中，战争好像是扑克比赛，在这个比赛中，赢得胜利的诀窍是概率而不是代数，扑克赌博的双重特点就是概率和心理。[18]然而，在杜黑军事技术思想中我们找不到这两种特点。的确，针对克劳塞维茨的大多数批评就是杜黑所拥有的数学上的理性主义。克劳塞维茨警告说，当把理论作为向导或规则时，我们决不能建立一个在战场上使用的代数方程。然而，杜黑挑战似地把他的理论归因于代数的确定性即诸如2+2=4等，这不是理论和极端，这就是纯粹的数学。在杜黑论述自己的军事技术思想中，他大量运用精密的逻辑推理和量化的方法来得出自己的结论或用来反驳别人的观点。

## （一）运用严密的逻辑推理

由于杜黑的许多观点都是对未来战争的预测，因此他主要是根据过去战争的经验和当时的实际情况，运用精密的逻辑推理得出的。杜黑多次强调他运用逻辑推理的科学性和重要作用。他说："既然有人能运用经过周密思考的推理和精确计算发现某一未知行星的存在，向天文学家提供一切能发现事情所需要的数据；当有人能运用精确推理发现电磁波，从而使赫兹获得了继续进行试验的手段：那么我们就应当相信人类推理的确实性，至少应达到天文学家和赫兹所相信的那种程度。"[12]195 在杜黑得出结论的论述中，也确实多次运用逻辑推理的方法。例如，在论述为什么夺取制空权必须建立强大的空军时，他首先根据之前的论述得出一条"公理"，再由这条"公理"得出两个"推论"，然后经过缜密的逻辑思维推导出"结论"。

杜黑运用逻辑推理方法的精彩论证比比皆是，诸如：论述空中战场问题时他讲：自古以来人们就在海上进行独立的作战。"今天，对于住在地球表面的人类来说，天空比海洋具有更大的重要性。因此，没有什么理由能阻止他根据推理而得出结论：天空是一个同等重要的战场。"论述空军是决定性军种时他指出：空军能缩短战争时间，如果一个军种可以比别的军种使我们更快地解决战争，那就意味着它能先于其他军种使我们取得决定性胜利。如果它能在其他军种之前取得决定性胜利，那它就在其他军种之前成为决定性力量。这样随处可见的由已知判断推出新判断的推理论证，构成了《制空权》阐述新理论的主体内容和主要方法。

在整个《制空权》一书中，杜黑经常使用"铁的逻辑"，来阐述他的观点；他曾经六次指出他的结论具有"数学上的确定性"，四次是"不证自明的"。杜黑坚信如果得出其他的结论将否定前提本身，因为结论不能模棱两可，它不是对的就是错的。

杜黑不仅广泛运用逻辑推理从正面得出自己的结论，而且还借用逻辑的力量来反驳对他的攻击。他这样澄清某些人对他如下观点的曲解：当我说空军是决定性的时候，我并不意味着说空军是胜利的唯一因素。如果那是我的观点，我会合乎逻辑地提倡取消陆军和海军；因为如果胜利可仅靠一个因素，即空军的因素来取得，其余两个军种就完全没有用处了。对于意大利未来战争中空中战场将是决定性的质疑，他反问：有谁能合乎逻辑地、十分明确地否认这一点呢？有谁能合乎逻辑地、十分明确地向我们保证斗争将不在空中决定胜负，或者在地面和海上将先于空中决定胜负呢？有谁能合乎逻辑地、十分明确地断定，如果一旦我们在空中被击败，我们还有机会在地面和海上赢得战争的胜利呢？杜黑使用逻辑武器成功地捍卫了自己的观点，他通过严密逻辑推理得出的结论，使不愿面对这些观点的人对其无懈可击。

## （二）注重运用量化的方法

杜黑在阐述自己的军事技术思想时，为了使自己的观点建立在更加可信的基础上，他不仅采用大量的逻辑推理的定性论证，还注重运用定量分析的方法。

例如，为了说明空中力量的规模。杜黑分析道："我们假定100千克的破坏物质能破坏25米半径的圆面积，那么为了使破坏范围能达到直径500米的面积，就需要100×100千克，即10吨破坏物。10吨破坏物需要有10吨的金属外壳。当前的飞机除乘员外，很容易携带2吨炸弹。因此10架飞机就可以携带破坏500米直径范围内的任何目标所需要的全部炸弹。"[12]39通过这样的分析，杜黑很清楚地确定了轰炸单位应具有摧毁一个直径500米的圆形面积内的任何目标的能力。

另外，在论述飞机不适用于防御，飞机比军舰更具有战斗力等观点时，杜黑都运用了量化的方法。可以说，杜黑凭借其厚实的数理功底，注重运用量化的方法来阐述自己的观点，极大地增强了自己理论的说服力。

## （三）重视新战争经验的总结

杜黑不仅参加了第一次世界大战，而且观察到了这场新战争与以往战争相比发生的重大变化。在战后写作《制空权》一书时，他特别注重从这场战争中总结经验，研究这场大战呈现出的新特点和新趋势，进而形成了许多新思想，并在书中运用新战争实践的经验教训加以有力论证。他主要从三个角度运用了这一研究方法。

1. 根据新战争出现的新情况引出自己的观点

杜黑在书中开篇第一段就指出："世界大战爆发时，当时仍处于幼年时期的这种新技术就在用于军事方面获得了强大的推动。"这里说的"新技术"即指航空技术，杜黑从一战中毒气的使用情况，认识到飞机和毒气相结合的巨大威力，进而推论出，航空兵能把毒气投放到敌国领土的任何地方，这两种武器的结合比至今使用的任何武器具有大得多的进攻能力。由此他作出论断：航空技术用于这次战争，已为人类开辟了新的战场——空中战场。杜黑提出的战争的总体性及战争的主体力量是人民的观点，正是通过对一战特性变化研究的结果。

2. 以新战争的成功经验证明自己的观点

例如，杜黑在论述航空兵的特性是长于进攻时，不止一次地提到：第一次世界大战的经验表明，每次当空中进攻坚决时，它总能达到目的。最能体现这一方法的是，杜黑在回顾了 1909 年他写的关于制空权思想的一大段论述后指出："现在有了世界大战的经验后，我发现对我 11 年前写的东西可以一个字也不改。"强调了一战经验对于他制空权思想的有力证明。

3. 利用新战争中的反面教训呼吁人们重视自己提出的观点

在论述制空权的重要性时，杜黑指出，第一次世界大战中飞机全部作为配属使用，这表明制空权的价值未被人们所认识，因而也不去追求它，也没有准备用于夺取它的手段。大战爆发时，相信制空权的人被看作是鼓动家、幻想家。交战各国军事当局并不相信也不了解航空。航空完全听其自然并被当作第二等勤务。谁也没有注意它，没有指导原则，直到炸弹像雨点般落到了总司令部头上。杜黑由此说明，第一次世界大战中类似这种总司令部遭到空中攻击的教训，表明了不重视制空权是极其危险的。在第二部中，杜黑首先在前两章中考察了第一次世界大战的陆战和海战情况，特别是由于错误估价火器和潜艇技术改进的影响而带来的付出沉重代价的后果，然后得出结论：陆军和海军都由于错误估价了技术因素，在开始交战时都没能充分理解战争的实际。因此，随着战争的进行，他们不得不弥补由于物质上精神上缺乏充分准备而造成的结果。杜黑用大量篇幅分析这些反面教训，就是为了强调又一种新技术——航空技术用于战争，必将改变战争面貌，这一趋势必须引起高度重视。

### （四）坚持从实际情况出发

意大利航空部长巴尔波在为《制空权》写的前言中说："他更大的功劳是教人们摆脱学术偏见，诚意地去研究当代的军事实际。"从杜黑论述问题的方法上我们不难看到，他始终坚持从战争发展的现实状况和当时当地的实际情况出发，因而能够得出许多正确的结论。正像他自己所说："在我们这个历史时期，战争特性和形式经历了深刻的、根本的变化，""战争理论只能在真实的战争中检验。""我的观点不是建立在任意的空想上，而是建立在今天的现实上。"杜黑在阐述空中战场和空中力量的许多重要思想时，充分体现了这一研究方法，我们可从下面的论述中窥见这一点。有人批评"决定性的战场是空中战场"这一观点不符合原有的军事学说，杜黑指出："军事学说从来不是根据原则而总是根据事实来的。""衡量一种学说的价值不是看它是否与原有的学说相类似，而是要看它是否符合实际。"他在建议成立一个合适的机构研究建立独立空军的问题时说："如果我们不是有意要把头埋在沙里，就不能无视这个建议。"他在提出了空战队应是什么样的之后强调："我在这里只不过提出一个概略的而又现实的设想。""只有实际经验才能向我们提供足够的资料来确定空战队适当组织的具体细节，即，飞机数、队形和战术。"可见，客观实际总是他研究理论的主要依据。

杜黑还特别注重从意大利的现实情况出发，来论述加强空中力量建设问题。他指出：我国高度集中的工业、暴露的大型居民中心、易遭破坏的主要交通线、我们对水利资源的依赖，所有这些使我国比任何其他国家更怕空中进攻，控制自己的天空是维护意大利安全必不可少的条件。他在批驳"意大利的海军和空军都必须非常强大"这一观点时说：这种愿望固然好，但是我们不能实现这种双重理想，尽管我们不缺人，我们却缺乏兵器（我们不是美国人），所以我们必须满足于保持在我们能力范围之内。他认为，如果不认真考虑这些事实，国家在建设现代国防上将付出巨大代价。

## （五）科学模拟未来战争

杜黑不仅从理论上探索了未来战争是什么样的，而且十分注重依据其创立的理论和实际条件，充分发挥想象力，采用模拟推演的方法去生动地描绘未来战争，让人们形象地了解未来战争的具体面貌，以更好地理解他的学说。他在书中强调：我所讨论的问题都是能用现有手段很容易实现的。我的意思是说，任何国家如果认识到当今空中武器的价值和好处，就可以沿着我所阐述的方向把空中武器实际应用到发动战争的科学中去。接受这个前提后，我们现在可以展望一下未来，自然是不久的未来，但不是进行渺茫的幻想，而是考虑到当前航空技术发展趋势的未来。这些趋势指出一条道路，如果我们要想跟上明天的技术进步，就应当遵循这条道路前进。他还说：一个想要制造一件好的战争工具的人必须首先问问自己下次战争将是什么样的。他必须努力寻找最接近未来战争实际情况的答案，因为情况越接近，他的工具就越适于应付未来的实际。这些论述清楚地说明了他如此重视模拟未来战争的基本动因。

根据上述思想，杜黑运用模拟方法描述了一场未来战争，即我们看到的书中第四部分，在这里，他通过模拟手段融自己的理论于一场具体战争中。而这一模拟过程，正像他自己所说："这不是一个胡思乱想或异想天开的问题。""我必须严格遵守逻辑和合乎情理。""我必须利用想象未来发生的事件达到为现在提供某些教益的实际目的。"为此，他根据战争指导和实施的一般规律，先从双方的军事理论思想介绍起，然后描述了按照不同的军事理论双方进行的不同着重点的战争物质准备，进而形成了体现不同作战思想的作战计划。法国的作战计划主要是依靠强大的陆军集团，空军的任务是辅助己方陆军抗击敌人地面军队。德国的作战计划是出动全部独立空军兵力进攻，先夺取制空权，尔后通过战略轰炸迫敌投降。战争的结果，德国实现了战略目的，赢得了胜利。杜黑意欲表明，这是他提出的空中战争理论的胜利。这场模拟的战争，是完全依据当时确实存在的两种不同战争理论，以及双方物质力量特别是军事力量发展已达到或可能达到的程度，综合运用前述四种研究方法假想的，因而蕴涵着较高的科学预见性，以一幅活生生的战争画面，引起了人们对杜黑理论的进一步重视。

### （六）与中国军事理论相比

中国军事理论只注重直觉顿悟，忽视了逻辑论证的思维方法。虽然直觉顿悟是一种创新性思维，但属于“粗放型”的，缺乏精确的实验证明和严密的逻辑推理，其理论到了一定阶段，就很难再向新的高度发展。中国古代直觉顿悟思维比较发达，很多创新的军事观点都来自于这种思维方式，但逻辑理论不系统，人们大都不能自觉地运用严密的逻辑理论和实验证明等手段进行推理判断。比如孙子对“势”这一概念就从理论上说不清楚，只好反复地打比喻，如“转圆石于千仞之山”之类。“知彼知己，百战不殆”这句话也有逻辑上的缺陷。[19]古人喜欢把多因一果说成一因一果，这都是违反逻辑规律的。中国古代逻辑学受到压制，与封建统治阶级讨厌它过于公正、不维护其特权利益有很大关系。直觉顿悟思维在创新理论方面确有其不可替代的作用，但必须与逻辑思维、科学实验结合起来，才能使军事理论长上足可助其腾飞的两只翅膀，才能形成巨大的创造力，使其不断创新。

## 二、极端的技术决定论思想

技术决定论的内容有好几种理解，在宽泛的意义上理解，技术决定论是一种主张技术对社会有决定性作用的思想。在此意义上，它可以表达为两种强弱不同的形式：强技术决定论与温和的技术决定论。其中，强技术决定论者认为，技术的进步将使人类社会不可避免地趋向一个特定的结果，是决定社会发展的唯一的、最重要的因素，否认或低估社会对技术发展的制约因素，因此强技术决定论又被称为极端的技术决定论。[20]27 温和的技术决定论又称社会制约的技术决定论。这种观点认为技术是在政治、经济、文化等多重社会因素的包围下对社会变化发生作用。

杜黑是一名极端的技术决定论者，在他的军事技术思想中，飞机技术是其立论的基础，深厚的技术功底是其奠定自己理论的内在因素。因此，技术在杜黑的思想中占据着重要的位置，这使得他有别于其他军事理论家。然而，他在强调技术的重要作用时又片面夸大了技术的作用，因而不能辩证地思考技术的发展，导致了人们对他的种种批评。

## （一）杜黑具有深厚的技术功底

杜黑出生于军人家庭，他的父亲是一名老兵，母亲则来自于一个教师和新闻记者的家庭。中学毕业后杜黑参加了意大利陆军，随后考入当时科技含量最高的意大利陆军炮兵工程学院。毕业后，他获得中尉军衔，成为一名炮兵军官。但他并不满足于已有的学历，不久又考入陆军大学深造。大学毕业半年后，美国莱特兄弟成功地进行了首次有动力飞行试验的消息传到意大利，再一次激发了杜黑对科技知识的兴趣。于是，他又考入都灵工学院，继续在科学和工程方面的学习，并取得了很多研究成果。毕业时他的学位论文《旋转磁场发动机的设计》受到了院方和专家的首肯，并选入了该院的教科书，成为这一领域研究的专著，这些足见杜黑的才华。此后，他又对汽车及其运行进行了认真的研究，并运用自己的已有知识，对汽车的动力和造型提出了很多有益的建议。不久，杜黑又奉命对有关低温的问题作了认真的探讨。他凭着自己对技术问题的浓厚兴趣，废寝忘食，埋头苦干，提出了当时认为是了不起的见解，被推选为代表出席在法国巴黎召开的国防低温会议。这时，年轻的杜黑已经在军中小有名气，不少搞技术的人遇到难题，都要找杜黑商讨，法国索邦大学还请杜黑作了一场“以液化法分离氧气和氮气”的专题学术报告会。在此期间，杜黑还十分关注新兴科学技术在军事领域的运用，不断发表很有见地的新观点、新见解。这些都证明了杜黑具有深厚的技术功底，为以后形成军事技术的思想成果奠定了基础。

## （二）技术是其思想的突出特点

在杜黑军事技术思想中，他认为技术是战争中最重要的因素：“任何战争的样式（这是从事战争的人们所最关心的）取决于现有的战争技术手段。”[12]6 杜黑强调了火器、潜艇、空中武器和毒气对战争样式的改变。与历史上其他著名的军事家如克劳塞维茨、马汉、若米尼相比，技术在杜黑思想中占有重要位置。

克劳塞维茨很少关注军事技术和同时代的学术氛围，更多的是把战争当作人类永恒的一种现象：它不是理性的而是变化无常的；不是简单的而是复杂的；总之它是人类的一种活动。他拒绝对战争作定量的分析和符合科学规则的解释，而是喜欢用哲学的语言进行解释。不像大多数技术理论家那样，克劳塞维茨坚持，战争是政治的继续和战争就是迫使敌人服从我们意志的行为。

马汉也是一位十足的学者和历史学家。他所感兴趣的航海战略几乎没有受到他所处时代的有关航海技术变化的任何影响。他的至理名言“袭击商船”，也是从研究 1812 年的历史中得出来的。[21] 马汉喜欢关注重大的战略，尤其是关于美国作为世界霸主的发展战略。他强调地理位置、经济和国家的政治形式，这使得他关注制海权而忽视了陆上的制权。蒸汽式武装军舰的新技术和有选择的阅读军事历史使他相信拥有绝对的制海权可确保国家的经济和军事目标的实现，为此，他忽略了陆地上铁路的发展和正在兴起的电机传输的重大意义。他也没有足够重视容易攻击大型的装甲舰船的鱼雷和潜艇的发展。正是由于马汉的威望，使得人们在第一次世界大战初期低估了潜艇的作用。

若米尼有句名言“不变的原则”，[22] 也就是不顾技术的变化对战略原则的影响，仍然坚持他的永恒的科学的战略保持不变。然而，杜黑认为军事技术的变化改变了战争的面貌。因此，对杜黑来说，战略原则受到技术变化的影响。罗纳德·布罗迪总结道：“杜黑的基本的、正确的、经受住持久考验的贡献在于他打破了陈旧的、迂腐的军事理论界。”[23]

### （三）夸大了技术的作用

工程师爱德华·华纳总结道：“虽然杜黑是一名技术工程师和科学家，但他只表现了一点点航空工程知识。”[24] 杜黑非常尊重技术，他经常夸大技术的影响而忽略了技术的复杂性。

我们知道，杜黑认为飞机是在第三维空间中飞行，它不受任何限制，可以迅速有效地攻击所有目标。可实际上，飞机并不能在任何时间和任何地点飞行。许多条件限制飞机，例如，政治约束、目标、航程、国界、光线、气候和电子频谱甚至战争本身持续的时间都可以影响目标的选择。

在技术发展方面，杜黑最大的失误就是轻视了速度在军事飞机中的重要性。也许受和海军做比较的影响，杜黑把注意力放在了力量方面。他并没有完全忽视速度，他也经常把速度作为追求的目标，但是他一再地得出这样的结论：和飞机其他的因素相比，速度就不那么重要了。“不论轰炸机或战斗机，它们只需要有中等速度。不需要特别重视速度。技术的进步很快会制成一种轰炸机或战斗机，在保持其他基本性能不变的条件下，速度每小时能提高20至40公里，但这点并不特别重要。”[12]50在预测重型轰炸机的重要性方面，杜黑是对的；虽然很少有人同意杜黑预测到的金属装甲会在飞机上使用，但这一点杜黑也是对的；但是，杜黑每一次都对飞机的速度表现得很冷漠，他就是完全错误了，因为我们知道速度现在已经是任何一种武器中最重要的一种因素了。

在杜黑的思想中，克劳塞维茨的进攻防御的辩证法是无效的。[25]他假设地面战争技术只能使堑壕战更加有利，完全没有注意到坦克的出现，这也与他在战前曾提倡的机械化战争相矛盾。关于陆地战争的事实是，他在《制空权》中，曾经论述的火器的每一个进步都有利于防御。当他终于拒绝历史对军事理论的影响时，他又把他自己沉浸在过时的地面战争的历史概念中。杜黑相信陆地战争比较确定的保持了静止的特性，因为维持这种特性的因素还存在，并且今后将变得比今天更加重要。在1939年，当德军在实施闪电战时，杜黑仍然在《19××的战争》中坚信：“陆地战争仍将保持和第一次世界大战一样的特性，因为在陆地武器和组织中没有发生根本的变化。”[12]希特勒的国防军非常彻底地证明他是错的。

杜黑关于制空权和航空技术的观点几乎和他的陆地战争面貌的观点一样是停滞的。就像他否定技术有利于陆上进攻一样，他拒绝任何有利于防御的航空技术的发展。[26]而且，他把所处的历史时期的技术条件绝对化，认为飞机是最好的进攻武器。他针对1914年流行的有关火器技术的进步有利于进攻的观点深刻的批评，也被完美的应用到他对制空权的思考上：“至于防御虽然从来不是决定性的，却能帮助争取时间和集聚力量——这种思想完全被置之不理，甚至发展到有的军队在他们的战术教令中都不提防御这个词。”[12]168所以我们说，像雷达和高性能飞机技术的出现我们也是可以理解的，因为它们破坏了杜黑的推断。

## 三、军事技术发展的伦理思考

杜黑认为使第一次世界大战时间长、伤亡惨重的主要原因就是火器技术的发展，而飞机技术的发展可以改变这种情况。可以说，杜黑的论述涉及了战争中技术的伦理问题，引起了我们对军事技术发展的伦理思考。随着军事技术的发展，杜黑设想的只靠空中力量的打击就能结束战争的想法，在精确制导武器时代得到了完全的验证。

### （一）火器技术的发展使得战争更加残酷

杜黑通过对第一次世界大战的研究得出，使 1914—1918 年的战争更加残酷的是技术的进步，尤其是机关枪的出现，它给了防御者超乎想象的优势。与此同时出现的新的战争样式——堑壕战，使进攻战斗从来没有像第一次世界大战那样困难而费钱。[12]13 与大多数的同代人一样，杜黑对大战的大屠杀感到胆战心惊，而害怕这样的灾难重新发生。他认为战争不再是军队之间的战斗，而是在全体人民之间。一个国家的所有资源包括人民、物质和心理都将对战争产生作用。尽管拿破仑曾经依靠一场单独的战役就能获得一场战争的胜利，现在这种努力则需要一系列的战役和一系列的军队。的确，一个国家的资源在没有被完全耗尽之前是不会承认战败的。但是，在一个工业化的时代，当工厂可以源源不断地为军队生产出所需要的补给品时，要想达到这个目的是越来越困难了。

### （二）飞机技术用于战争减少了伤亡

飞机技术用于战争后提供了新的可能，那就是不用首先突破坚固防线就能进入对方的远后方。没有什么堡垒可以抗击这种新武器，它能以闪电般的速度对敌人心脏给以致命打击，从而以较短的时间结束战争，减少伤亡。杜黑说："毫无疑问，如果战争三个月而不是四年就结束了，造成的破坏至多只有现在的一半；如果八天就结束了，破坏至多四分之一。"[12]16 与此同时，杜黑也注意到，战场将不再区分前方和后方，已经扩大到交战国整个国境，全体公民都将成为战斗人员，士兵和平民之间不再有任何区分。

飞机要想达到这种目的，就必须取得制空权，而夺取制空权就得依靠建立独立空军进行战略轰炸，杜黑认为，空中进攻最主要的方式是对地面目标进行空中轰炸。[27]他介绍了轰炸所需要的航空炸弹的基本种类：装有炸药的航空炸弹、装有燃烧剂的航空燃烧弹和装有毒气的航空毒气弹；其次，为了达到预定的轰炸效果，杜黑选取的轰炸目标主要有：和平时期的工商业设施、重要的公私建筑、运输干线和交通枢纽，以及某些特定的居民区。[28]在所使用的三类航空炸弹中，爆炸弹用于摧毁目标，燃烧弹用于烧毁目标，毒气弹用于阻止消防人员救火。

### （三）道德因素将是在未来战争中获胜的关键因素

我们应该看到，杜黑也许是第一个认识到制空权的关键是选择目标的人。[29]对他来说，最后一类目标（人的意志）是最重要的，因为飞机具有飞越战壕的能力，不再需要穿过敌人的防线，这样的防线也不能再保护它后面的目标。也就是说，制空权的首要任务就是慢慢地在平民和战士的心中引起恐慌，因为他认为在未来战争中道德因素将是获胜的关键因素。[30]13 更重要的是，杜黑暗示夺取制空权后不再需要恐怖的轰炸，因为夺取制空权将是一个巨大的心理打击。他从来没有提倡过空中轰炸和打击，始终把制空权的作用作为一种战略武器使用，而不是战术武器。然而他确实承认过空中战役有可能要进行6周或6个月，这取决于轰炸的强度和人们抵抗的意志，制空权仍然需要击败敌人的地面部队。

因为在杜黑的年代大多数轰炸都是一个面目标，所以杜黑认为轰炸的准确性不是特别的重要。然而，杜黑并没有足够的论述目标的问题，即使他认为这是非常重要的，并且是空中飞行员重要的任务。虽然杜黑提到了一些基本的确定目标的规则，但他从没有进行过一次详细的调查，究竟哪些才能肢解一国的工业系统？这个忽略可能是因为他把人民的意志当作重要的目标的结果，而这个目标非常重要以至于没有再详细说明其他目标的必要了。[31]事实上，地面目标的选择以及决定轰炸的次序，在空中战略中都是非常困难的事情。因为在战争中，目标也是不断变化的，而目标的选择主要取决于寻求的目的：是为了夺取制空权、为了瘫痪敌人的陆海军、为了动摇战线后方平民的斗志。根据当时情况这种选择取决于许多考虑：军事、政治、社会、心理。[12]53 虽然杜黑认为道德因素是未来战争中获胜的关键因素，依靠空中力量的轰炸可以迅速结束战争，但是在空中武器还不能准确完成轰炸任务的情况下，杜黑的观点遭到了人们的批评。只有在高技术条件下，精确制导武器的出现为杜黑思想的实现提供了条件。

### （四）精确制导武器的发展使得战略轰炸更具有人道主义关怀

由于武器技术的飞速发展，精确制导武器在战争中已经大量应用。由于这种武器应用了精确制导技术，所以精确制导武器毁伤目标时具有可控性；攻击目标时，既能选择方向、角度，又可控制毁伤效果，可大大降低人们不愿看到的附带损伤——平民的伤亡和生态灾难，和第二次世界大战的地毯式轰炸相比，它在道德方面的优点就很明显了。[32]62-65

20 世纪 90 年代末期的科索沃战争，是人类历史上第一次完全由空中力量进行的大规模战争。在这场战争中，北约部队空射武器的制导方式以全球定位系统为主，精确制导武器的投射量在总投射量中的比例达到 80% ~ 90%。最终，北约仅靠空中力量就实现了既定的战略目标，赢得了战争，首次创下了在大规模战争中完全由空中力量达成战争目的的纪录，杜黑的依靠空中力量快速结束战争的梦想在高技术时代终于成为现实。

## 四、用一生演绎的科学精神

科学精神具有丰富的思想内涵，概括起来主要有以下几个相互联系的层面：崇尚真理的精神；不畏权威、敢于怀疑和批判的精神；永不止步、不断创新的精神。[33]185-187 杜黑的一生演绎着科学精神。

### （一）崇尚真理的精神

在飞机诞生之际，大多数人认为飞机是一种玩具，不能用于战争。当 1908 年，杜黑首次看到飞机表演时，简陋的飞机在狂风中就像一支弱不禁风的风筝，飞机起飞后，勉强离开地面 1 米高，只在草地上蹦蹦跳跳了几下。杜黑并未像常人那样对飞行失败一味地抱怨、责难，而是以科学的态度审视他看到的一切，从中意识到这一新生事物的前途，对此产生了浓厚的兴趣。[34]杜黑坚信，虽然这种新的航空手段现在仅能离开地面几米，但很快它将能飞上几千米的天空，并能飞越到千里之外。在飞机诞生几年后，杜黑便对飞机发展的潜力有了非常透彻、深刻的认识，他的观点在当时可以说是超凡脱俗。因为在当时，可以说直到第一次世界大战前夕，大多数人仍然认为，飞机只是一种新奇事物，不过是一种无足轻重的玩具，也有人把它当成体育器材。在当时被称为“欧洲航空之乡”的法国，陆军元帅福煦在1909年就报以轻蔑的眼光说：“飞着玩，用于体育运动可以，但军事上没有使用价值。”[35]81 相比之下，杜黑的认识已经突破了那个时代的思维定式。在此情况下，坚持自己的观点，无疑需要非凡的勇气。

### （二）不畏权威、敢于怀疑和批判的精神

任何新观念、新思想的产生和发展不仅是意味着开拓、创新，更是与传统观念、保守思想的冲撞、斗争。杜黑在空中战争理论、空军军事学术思想的创立过程中经历了与保守思想的冲突、对立，这导致了他一生的坎坷、曲折，但他从没有因此屈服、气馁。杜黑满怀探索未来的执着信念，勇敢的面对保守思想挑战。[2]14 从1912年担任意大利航空营营长到1921年《制空权》正式出版，杜黑接连遭到种种打击。意大利陆军部高层和航空营的顶头上司极力排斥、压制杜黑，以至于将他排挤出军事航空部门，将他调到步兵部队，企图彻底消除他在新兴的军事航空部门的影响。但是杜黑并没有保持沉默，即便是离开了航空营，他一刻也没有忘记意大利的航空事业，始终密切关注着军事航空的发展。即便身处逆境、甚至身陷囹圄的时候，他仍然坚持大无畏的科学勇气，追求理想的执着信念始终不灭，以高度的历史使命感和责任感抓紧时间研究。蒙冤入狱后，他心系国家安危，在狱中利用一切时间给政府和军队当局写信，陈述自己对发展意大利军事航空的建议。

杜黑执着的信念没有在坎坷中泯灭，更不为名利所动摇。《制空权》公开出版后，杜黑的思想终于被意大利政府、军队、民众所承认和接受。他

没有陶醉在功成名就的喜悦之中，高官厚禄也没能使他探索的脚步停止不前。为了不断发展完善自己的理论，杜黑担任意大利政府航空部部长仅仅几个月，便辞去了职务，全身心地投入到空中战争理论和空军学术思想的研究中去。直到去世前，他还在撰写《19××年战争》，对未来战争进行了大胆的预测。

## （三）永不止步、不断创新的精神

杜黑特别强调要预见未来。虽然杜黑自身是一位具有超常兴趣和天赋的历史分析家，但杜黑认为历史是“一条链子……生命被约束而只能回忆过去……”。[36]他总结道，战争艺术的历史不能告诉我们任何事情。在1914年9月的一篇《未来派》的文章中，杜黑写道：“通向过去的大门关闭了，而通向未来的大门在我们面前大开着。”[36]他采用典型的数学词汇认为两次世界大战之间的时期处在“战争革命曲线上的一个特殊的点上”[12]29，在这个点上曲线突然向新的方向转折，打断了和过去的任何联系。于是他向人们大声疾呼：“胜利向那些能预见战争特性的人微笑。在这个战争样式迅速变化的时代，谁敢于先走新路，谁就能取得新战争手段克服旧的战争手段带来的不可估量的利益。”[12]33

在杜黑看来，能否预见未来战争的特性变化，关系到未来战争的胜负，必须从新的视角大胆探索未来战争。他指出：死抱着过去陈旧的东西不放没有什么教益，因为未来跟过去发生的一切根本不同，对未来必须从一个新的角度探索。

杜黑提出，胜利经常属于那些善于改变传统战法的人，而不属于那些死抱住传统方法不放的人。杜黑在对待作战方法和军事理论的态度上认为，必须根据已经变化的条件确定新的符合实际情况的新战法和军事理论，而不是拘泥于过去的理论。

杜黑用一生演绎着科学精神的真谛，我们知道提出新的创见难、让人信服接受更难，一个新创见的胜利产生固然需要创见者付出艰苦的主观努力，但往往更需要一个宽容、理解和支持的客观社会环境。瞭望当今世界，新军事革命悄然兴起，各种先进的军事理论如雨后春笋般蓬勃发展，因此，谋求打赢现代高技术条件下的局部战争，创新有我军特色的军事理论体系已是当务之急。我们应大力营造一种有益于学术创新的良好的人文、社会环境，对那些敢于标新立异者给予宽容、鼓舞以至热情的帮助，为他们提供生活和研究上的便利，以催生更多优秀的军事理论成果问世。

# 第六章　杜黑军事技术思想的影响

杜黑军事技术思想不仅对当时传统的军事思想造成了巨大冲击，而且对后来军事理论的发展，对军事力量建设的发展，以及对战争实践的发展，都产生了划时代的影响。在《空军学术思想史》一书中，作者说："在两次世界大战之间蓬勃发展的空军学术思想中，影响比较大的是意大利军事理论家朱里奥·杜黑的思想，他首次提出一套比较系统的空中战争和制空权理论，不仅从战略高度来研究空军的使用，而且对建设空军的许多方面都有精辟见解。他的理论对许多国家的空军建设起了深远的影响。"[4]52

杜黑的军事技术思想不仅在学术思想方面，而且在军事技术发展、战争实践方面都产生了重大的影响。他创立了第三种军事学术——空中作战学术；他的思想推动了军事航空技术的迅猛发展，并由此诞生了独立空军这一军种；他论述的军队体制结构的基本模式成为军队发展的趋势；他主张的空中战争成为现代战争的主要样式。

## 一、开创了新的军事学术思想

在人们对飞机的军事价值还有许多疑问时，杜黑就能力排众议提出了空中作战学术的问题。他在1910年的《航空问题》中说："除了所用武器的技术问题以外，空中作战还要求解决空中力量的训练、组织和使用问题，就是，要求创立前所未有的第三种军事学术，空中作战学术。"[12]73 杜黑后来被公认为第一个提出完整的空军运用原理的军事思想家。

杜黑在现代战争理论和空军学术思想领域所作的贡献和深远影响，经过战争实践的检验，已经逐渐被人们所接受。1947年美国的《现代战略的缔造者》一书就将杜黑作为对现代战略思想产生重大影响的为数不多的伟人之一。[37]尽管在杜黑之后的几十年里军事技术的发展突飞猛进，但我们可以看到世界各国的军事理论，特别是空军军事理论都没有超脱杜黑的影响。继杜黑1921年提出制空权之后，苏联在1936年也提出了和杜黑观点类似的主张：制空权是敌空军的整个部署已完全被打乱，敌空中力量已被消灭，而我空军却有完全的行动自由的一种状态。美国也提出，制空权就是必须将敌人的航空部队消灭掉，或者压制住，使之不能出动。德国在第二次世界大战中基本上接受了杜黑的空中进攻思想，德军在实施闪电战中，都是一举将对方的飞机全部或大部分消灭在机场上，对波兰、法国和荷兰的进攻都是这样，在袭击苏联的第一天就将苏军的800架飞机击毁在机场上，掌握了战争初期的制空权。在第二次世界大战以前，多数国家都基本上接受了杜黑所坚持的空中战争可以加速或直接结束战争的战略轰炸思想，尤其英美自始至终信之不移。英国空军参谋长特伦查德1942年说，如果我们很坚定地使用空中力量，我们不仅可以挽救千百万人的生命，而且还可以使战争缩短几个月，甚至几年时间。[38]54 5年中，英美共出动轰炸机144万架次，投弹270万吨，出动歼击机268万架次。到战争后期，达到“千机轰炸”规模的空中战役就有数十次之多。[38]55

杜黑基于技术的发展指出未来战争将是总体战的思想，被后人予以不断发展。杜黑运用预测、逻辑思维和形象思维的方法，较为科学地分析与判断了现代战争的样式与特点，提出了未来战争将不再只是交战双方常备军之间在战场上的残酷厮杀，而是整个国家全民之间的全面的和总体的战争的基本论断。杜黑关于战争总体性质的学说给当时沉闷的军事学术领域带来了新鲜的气息，对改变人们考察战争的角度，拓宽人们观察战争的视野起到了巨大的作用，对尔后军事界提出新的战略思想、作战理论和新的力量结构产生了重大的影响。[2]160

20世纪30年代的几次大规模的局部战争已经初步证明了战争的总体战性质，第二次世界大战则更进一步证明了总体战思想的正确性。杜黑的总体战思想提出后15年，德国军事家埃里希·鲁登道夫在其《总体战》一书中将总体战的思想系统化，提出了总体战不仅是针对军队的，也是直接针对人民的，战争将扩展到作战国的全部领域；必须动员全民力量参战；经济是夺取总体战胜利的重要因素等思想；等等。[39]我们可以看出鲁登道夫的思想实际上是对杜黑思想的丰富、扩充和具体化，就其思想本质而言，鲁登道夫的理论并没有超越杜黑的科学论断。

英国著名军事理论家利德尔·哈特在《战略论》一书中提出了“大战略”的概念，从战略指导上发挥和继承了杜黑的总体战思想；[40]美国著名战略理论家约翰·柯林斯在《大战略》一书中把杜黑列为具有革新思想的五位战略家之一，他强调美国今后必须从大战略的角度指导战争。[41]他的思想对美国战争指导思想产生了较大影响，20 世纪 70 年代以来美国日益重视在战争中运用国家政治、经济、外交、军事、心理等综合力量来达到目的。

杜黑的总体战思想还对武装力量的战略运用方式的发展产生了直接影响。[2]162在总体战中，杜黑认为敌人进行战争的意志是决定总体战争胜负的诸因素中具有决定性意义的因素，因此他主张通过战略轰炸方式和通过空中阻滞的手段削弱战场上敌人军队的抵抗意志与作战能力来赢得战争的胜利。总体战思想提出后，世界上主要国家的军事理论均普遍接受了战争具有总体性质的观点，并把这一观点作为准备战争和指导战争的基本依据。

## 二、开辟了空军学术思想新领域

杜黑的《制空权》涵盖了空军、空中战争、空中国防的主要方面，这些问题都是空军学术思想的核心内容。杜黑在空中力量发展的初期即对上述问题作了较系统的阐述，开辟了空军学术思想发展的新天地。

在杜黑之前，陆海军的运用在各国军事思想中均占绝对主导地位，新诞生的空中力量的运用在军事思想中则完全居于附属和次要的地位。第一次世界大战中，尽管英国在战争结束前成立了独立空军，协约国空中力量也组织了对德国纵深战略目标的空中打击，但是由于航空技术装备的作战能力较弱，空中力量的独立运用还难以对战争的进程和结局产生重大影响。因而在第一次世界大战后，多数国家军事航空的指挥控制体制，仍是空中力量隶属于地面的战术部队，主要遂行战术突击或保障任务。英国、法国、美国等国军队统帅部中占主导地位的地面部队军官认为，根据克劳塞维茨的军事理论，敌人的军队是敌人整体所依赖的力量和运动的中心，只有通过消灭敌人的军队才能彻底粉碎敌人的意志，这一基本原则在未来战争中不会改变。因而坚持把保障陆军的主要兵种在战场上取得决定性的胜利，作为合成军队诸兵种协同原则的基础。他们甚至认为第一次世界大战中空中力量对敌人后方目标进行的轰炸作战是无效的和不人道的，空中力量最有效的运用方式是进行航空侦察和校正炮兵射击，这一点在未来战争中也不会改变。因此，他们极力反对在战争中使用空中力量突击敌方纵深的战争潜力目标，反对赋予军事航空部队独立的战略任务。由于这种思想在地面部队指挥官中根深蒂固，空军学术思想的发展受到禁锢。

直到杜黑的制空权理论问世，对空军学术思想的创立和发展终于产生了重要的影响。他从战略高度论述的空中力量的作用和建立一支与陆、海军并列的独立空军是绝对必要的等观点，犹如一块巨石投入一潭死水之中，强烈震撼了沉闷的军事理论界。

1922 年，美国陆军部军事情报处将《制空权》一书的 5 页摘要，作为情况汇编，提交给陆军航空勤务队计划处。同年意大利驻美国使馆空军武官奎多尼中校，也向美国陆军航空勤务队司令部提交了《制空权》的意文摘要，美国军事航空人员就此开始对杜黑思想的基本观点有了初步的了解，随之在美国的土地上诞生了一位与杜黑齐名的空中力量斗士威廉·米切尔。米切尔从第一次世界大战的实践中敏锐地认识到空中力量对作战方法产生的革命性影响，他从全球战略的角度出发，以犀利的目光审视空中力量对国家安全和国防政策的影响，强调空中力量是维系国家生存、发展、繁荣与安全的决定性力量，力主建立由歼击、轰炸和强击航空兵组成的独立空军，认为空军的战略作战将能决定未来战争的胜负。继杜黑的《制空权》之后，米切尔撰写的《我们的空军：国防的基石》和《空中国防论》等著作，进一步论述了空军军事学术的诸多理论问题。

杜黑强调独立的空中作战是未来战争中战略行动的主要样式，空中战场是决定性的战场。在这些观点影响下，空军学术思想领域最重要的创新和发展，可算是产生于 20 世纪 30 年代的战略轰炸理论，美国陆军航空队战术学校对此做出了重大的贡献。该校的教研人员经过深入研究，在克劳塞维茨的经典作战理论与杜黑新的空中力量作战原则之间建立了某种必然的联系。他们敏锐地抓住传统军事思想中确立的“粉碎敌人意志”的指导原则，并以此作为空中力量使用原则的基础。他们根据现代战争对物资保障要求愈来愈高的现实，从克劳塞维茨的“重心”原则出发，认为现代国家在工业生产基础上从事战争的能力已经成为其力量的重心，如果持续打击敌国的工业经济结构，必将粉碎敌国的抵抗意志。根据杜黑的观点，由于空中力量具有独特的作战能力，因而是一种直接打击敌人重心的有效力量。据此，该校的教员们提出了一种强调空中力量战略作用的并且更有说服力的理论，这就是战略轰炸理论，并试图以此指导空中力量的建设。

可见，杜黑的思想对该校学术思想经历的这次重大转变产生了不可低估的影响。战略轰炸理论强调轰炸航空兵直接对敌工业体系中至关重要的目标进行持续的昼间精确轰炸，从而无须进行大规模地面作战即可赢得战争的胜利。这种理论实际上就是吸取了杜黑的思想精华并结合航空技术的发展而加以具体化。对此，当时美国陆军航空队司令阿诺德将军作了具体阐述：“就战略轰炸而言，其理论仍然是我们自已关于纯粹防御的思想与加以修改的杜黑思想相结合的产物。”该校利用教学场所的特殊有利条件，广泛宣传和传播这一新思想和新理论，因而其影响面较大。

第二次世界大战中，俄裔美国人塞维尔斯基写下了《通过空中力量取胜》一书，再次从战略高度阐述了空中力量的巨大价值，并结合战争实际进一步发展了杜黑的思想。经过第二次世界大战，人们对空中力量的战略作用和建立独立军种的必要性已经达成共识，空军学术的发展从此有了广阔的天地。

可以说，杜黑开创空军学术思想的新领域后，几十年来，其主要学术观点已广泛地体现在各国空军的作战条令之中，成为各国空军的共同理论财富。纵览当今世界的空军理论，与杜黑相同或相近的观点比比皆是，诸如：空军是与陆、海军并列的独立军种；空军的使命是袭击空中、陆上和海上目标，夺取制空权，赢得空中战争，并给陆、海战场以重大的甚至决定性影响；空军的基本任务是战役、战略突击，国土防空作战，协同陆军海军作战，航空侦察和空中输送；现代战争通常从空中开始，空军将首当其冲，首当其用，全程使用，重点使用；空军是支持威慑战略和实战战略的主要力量之一，其行动可以决定战役战斗的结局和达成一定的战略目的；通过空中作战夺取制空权，是保障陆上、海上作战行动自由的先决条件；空军作战力量的编成要攻防兼备，作战样式的选定要攻防兼施、注重进攻；

常规空中进攻战役理论，在后核时代将逐步取代核突击理论，空中进攻战役是空军最重要的使用方式，要慎重选择打击目标和突击顺序；国土防空作战是战略作战的重要组成部分，对国家安危具有至关重要的意义；空中作战和防空作战的基本方式，是空军各兵种、各种武器系统在广阔空间密切协同的群体作战；空军兵力要统一指挥，集中使用，切忌分散使用，零敲碎打；空中作战的胜利可促使战争速战速决；空中战争的胜负往往决定了战争的胜负，单独运用空中作战可以一举达成战争目的；等等。上述论点的大部分，都可在杜黑著作中找到源头或出处。

## 三、军事理论领域的一场世纪之争

杜黑的军事技术思想冲破了传统军事思想的束缚，勾画了崭新战争样式的概貌，开创了空军学术思想的新领域，因此能够广泛流传于世，并对许多国家的军事理论产生了重大影响。但与此同时，杜黑理论的传播和发展也遇到重重阻力，经过曲折过程。这中间伴随着激烈的学术争论，近一个世纪以来，围绕着杜黑军事思想的褒贬始终没有停息。有的人认为杜黑军事理论是毫无根据的幻想，有的人则认为是严谨推论出来的科学预言；有的人把杜黑称为“空军制胜论者”而全盘加以否定，有的人则把“战略创新者”“军事哲学家”“空军理论的奠基人”“空军的克劳塞维茨”等桂冠戴在杜黑头上；有的人认为第二次世界大战的实践“完全推翻了杜黑的学说”，有的人则认为第二次世界大战的实践与杜黑理论“完全相符”。

一部《制空权》，之所以会产生如此大的争议，主要缘由一是杜黑理论有不完善甚至错误之处；二是当时航空技术不发达，空中力量还比较薄弱，尚未显示出应有的威力，使杜黑理论缺乏实现的物质基础，而且在相当长的历史时期，理论未经过实战的检验；三是杜黑理论从根本上动摇了传统的军事理论，使军队结构、武装力量各部分之间的关系及军事学术发生革命性变革，这在许多国家触及了现行军事制度，涉及军种利益的调整，因此必然受到传统军事思想维护者和因循守旧势力的反对；四是随着战争实践的发展，《制空权》一书的远见卓识不断显露出来，人们看到了空中力量在战争中的重要地位，从而愈加认识到杜黑理论的重要性。

围绕着《制空权》的争论不仅持续的时间长，影响的范围广，而且争论的内容涉及军事理论领域的许多重大问题，其中长期成为人们讨论的热点问题主要有以下几个。

其一，关于制空权在战争中的重要性。杜黑最先给制空权下的定义基本上为后人所接受，但对于其“掌握制空权就是胜利，没有制空权就注定要失败”的观点，却引起了许多不同的看法。有一种理论认为，制空权的作用只限于能对战争的进程和结局产生重大影响，并不能取得决定性的效果。但第二次世界大战及后来局部战争的事实使许多人认识到，没有制空权就没有制陆权和制海权，“获得制空权就意味着胜利”的观点是完全能够成立的。而杜黑不承认“相对制空权概念”，在夺取制空权的力量上忽视了相关军兵种的作用，以及对夺取制空权的艰巨性和复杂性估计不足等问题，则受到人们较多的批评。

其二，关于空军的独立军种地位。杜黑提出建立一支与陆、海军平起平坐的独立空军的主张后，在意大利很长一段时间里没有得到官方的支持。20世纪二三十年代，主张将空中力量仅用于遂行战术支援任务的观点，也充斥于美、英、法等国的军事概则中，它们坚持将空中力量配属于地面部队的指挥体制，认为没有必要成立独立空军。但是由于杜黑的主张顺应了客观形势发展的需要，后来，他提出的军队体制结构的基本模式陆续成为各国军队发展的大趋势。他主张的确立总参谋部统一指挥下的陆海空三军并立制、空军自身统一指挥下的多职能兵种制以及空军作战力量编成中以进攻力量为主体等观点，逐渐被许多国家所采纳。但对于他强调的在空军兵种的编成上要有“最大限度的轰炸力量”，至今各国仍有不同的看法。

其三，关于空军的作战使用原则。杜黑提出过许多重要的空军使用原则，如充分发挥空军“长于进攻”的特性，以进攻摧毁敌人的“巢”和“蛋”是夺取制空权的最有效方法，空军最好的防御永远在于进攻，独立空军永远应当集中使用，慎重选择突击目标和突击顺序，“突然袭击”“常备不懈”等。学术界对这些原则本身并无太大的争议，主要分歧在于这些理论原则是否经受住了实战的检验。现代“空地一体”“海空一体”作战理论已频繁地出现在各国的军事理论著述和作战条令中，说明杜黑关于空中力量价值将不断提高的观点已经得到各国的普遍认同。至于杜黑认为空战无法夺取制空权；面对大规模的空中进攻只能“用进攻来防御”，“没有一种局部防空十分有效”；在空军遂行夺取制空权与支援陆海军作战的用兵顺序上，不讲条件地把支援作战放到次要地位否定陆海军配属航空兵的作用等观点。从现代战争的视角来看人们对其加以否定都是有道理的。

其四，关于空中战争能否决定最终的胜负。坚持古老军种“主导论”和“决胜论”的思维定式的人们，对于杜黑提出的：空中战场是未来战争中的决定性战场，将先于其他战场取得决定性胜利；新的战争样式——空中战争必将出现；空中战争只需流最少的血，即可以迅速摧毁敌物质上和精神上的抵抗……观点大加反对，他们认为，航空兵是“用途有限的辅助武器”“辅助手段”，杜黑夸大了空军的作用，空军不可能单独完成战争使命。在有的国家甚至将此作为“空军制胜论”的主要观点长期进行批判。也有人认为这一观点是能够成立的，但“是有前提条件的”条件是空中力量“足够强大”。20 世纪最后 10 年发生的几场大规模战争，支持了后一种观点，使反对这一观点的人不得不以新的眼光重新评价杜黑的“空中战争”思想。

纵观迄今为止的空军史可以看出，各国空军发展建设的进程和作战运用的结果差异很大，形成这种差异的原因很多，但首先是与各国对以制空权为核心的空军理论的传播和接受程度有关。意、德、英、美等空军强国的实践说明，先进的空军理论是空军发展建设和成功作战运用的先导。在采取加强空军建设的实际步骤之前，他们大都需要进行空军在现代战争中地位作用的广泛讨论，而这些讨论必然要涉及杜黑理论的上述重要问题。而且这种讨论不只在军事学术界进行，常常涉及整个军界和全民，甚至国家元首、政府首脑、议会议员都表明认识和态度。伴随着这种讨论，人们对杜黑理论的争论必将经久不衰。

通过长期的争论，经过千百次战争风雨的冲刷，时至今日，人们清晰地看到杜黑的许多军事学术论断、观点、预见、建议等，显示着不朽的生命力。这充分说明，杜黑理论是建立在航空器这一新生力量构成的、代表着未来的新的战争物质基础之上的，其理论基点和主体内容是正确的，有很高的理论价值，已经并将继续对军队的发展建设战争样式和军事学术的变革，特别是空军的发展建设和作战运用，产生深远的影响。人们在争论中也逐渐澄清了杜黑一些过时的和错误的结论，同时认识到这些问题基本上都是局部性问题，与其整个理论体系的精华相比，瑕不掩瑜，《制空权》确实不失为一本在现代空军理论中具有奠基地位的经典著作。在此基础上，现代空军理论正在不断完善和发展。

## 四、推动了航空技术迅猛发展

杜黑年轻时就热衷于航空技术的学习，特别关注航空技术和航空事业的发展，并在《制空权》一书中论述了航空技术和航空事业的发展对空中力量发展的影响。他不仅强调航空技术是空中力量的基础，而且认为航空技术的发展是空军学术思想发展的必然基础，反过来先进的空军学术思想对航空技术发展也同样具有重要的牵引作用。[2]179 为了实践其空中战争理论，杜黑指出，完成夺取制空权任务的主要技术装备是战斗机，完成摧毁敌战争意志的主要技术装备是轰炸机，后来他又提出最好是把这两种技术装备合为一体，制造出战斗轰炸机，此外还需要侦察机以完成情报任务。这是当时杜黑设想的几种飞机，并为制造这些飞机提出了技术要求。虽然在他所处的时代还不具备研制出全部这些飞机的技术条件，但他提出的发展这几类飞机的设想，以及他对这些飞机提出的技术指标，为作战飞机的发展指出了明确的方向，后来各国作战飞机的发展基本上遵循着这一思路，并由此推动了航空技术的不断发展。

第一次世界大战爆发时，法、英、俄、美、意、德等主要国家拥有飞机总数达 850 多架，他们大力组建航空工业部门，积极发展航空技术和研制多种类型飞机，飞机性能有了很大的提高。大战期间，飞机发动机的功率由 80 马力提高到 900 马力，时速从 100 千米/小时提高到 220 千米/小时，升限从 3 000 米提高到 7 000 米，续航时间从 3 个小时增加到 7 个小时，战斗载荷已经可以达到 1 000 千克，活动半径战斗机达到 150 千米，重型轰炸机达到 500 千米。

按照杜黑的设想，飞机逐步形成了战斗机、轰炸机和侦察机等主要作战机种。飞机充分表现出机动性强，具有攻击和摧毁地面、海上目标的能力。特别是航空炸弹由开始的只有 2 千克发展到 1 000 千克，而且还研制出了燃烧弹。

第一次世界大战结束以后，适应空中力量发展的需要，航空技术得到较快发展，各国空中力量的技术装备也有了较大改观，飞机的性能又有了很大提高。单翼作战飞机取代了双翼和三翼的作战飞机，飞机的最大时速提高到580千米，航程增大到1 100千米，轰炸机可达4 000千米。飞机的装备也有了很大改进，飞机担负任务的分工也日趋明确和完善。这些都为飞机的作战使用提供了有利的物质基础。

美国于1935年研制成4发动机重型轰炸机B－17，这种轰炸机突击威力大，最大载弹量达5吨多；防御火力强，有各种口径的机载火炮13门，载弹6 380发，而且在重要部位有装甲；机动能力强，最大时速近500千米，最大航程近6 000千米。B－17轰炸机的问世充分展示了空中力量高速机动、远程作战和突击威力强大的独特作战能力，为杜黑的战略轰炸理论提供了理想的实践依据。

为进一步实现杜黑提出的战略空中打击思想，美国还率先提出了空中加油的设想，并实现了技术的突破。对这项战略技术作出重大贡献的是塞维尔斯基。[42]飞行员出身的塞维尔斯基深知载油量对飞机的重要性。他在编队飞行中获得灵感，提出了空中加油和受油的思想，并于1929年成功地进行了空中加油实验，飞机留空时间达7天之久，这使美国成为世界上最先掌握空中加油技术的国家，对后来全球空中力量的发展产生了重大影响。第二次世界大战后，战术空中力量之所以能够遂行战略任务，完全得益于成熟的空中加油技术。

如今，各国为了争夺现代空中斗争的主动权，竞相研制各种先进的航空技术装备。目前，战斗机的发展已经到了第四代，第三代战斗机已成为当前的主力作战飞机，以F－22为代表的第四代战斗机已经列装。第四代作战飞机具有超音速巡航、过失速机动和隐身的能力，是一种先进的制空战斗机，同时也具有较强的对地突击能力，可见，在某种程度上正是按照杜黑当年设想的“战斗轰炸机”的两大基本功能来设计的。

可以说，杜黑的思想对航空技术的发展起到了促进作用，而航空技术的高度发展，也为实现杜黑的空中战争理论提供了物质手段。[2]182

## 五、促使各国建立了独立空军

杜黑将争夺制空权以及摧毁敌战争潜力和战争意志，作为重要的战略任务赋予空中力量，为空中力量走向独立的战略军种奠定了坚实的基础。[2]173

英国在 1918 年 4 月，建立了世界上第一支具有独立军种地位的空中力量，即英国皇家空军。英国皇家空军在严密组织伦敦防空的同时，组织力量对德国本土纵深的战争潜力目标进行了一定规模的轰炸。尽管这种轰炸行动对第一次世界大战的进程和结局没有产生什么实质性的影响，但预示着独立空军将以一种新的方式遂行所赋予的战略任务。大战后，英国皇家空军独立军种地位面临着严峻的挑战。这时，时任皇家空军参谋长的特伦查德抓住了杜黑理论的精髓，从国家战略的高度提出了“空军控制”的理论。依据“空军控制”理论，英国不必向中东地区派遣大规模的地面部队控制地形复杂的领地，而是在中东领地部署适当数量的空中打击力量，保持对广阔领地的连续监控。在发现意外事件的情况下，以空中打击或威胁的方法，便能有效地控制住事态的发展。结果以较小的代价，既有效地控制了广阔的英帝国中东领地，也牢固地确立了英国皇家空军独立军种的战略地位。

1918 年 5 月，在俄国，刚刚夺取了政权的布尔什维克也建立了统一指挥航空兵的机关，即工农红军空军总局，这是苏联建立独立空军的标志。苏联空军建立初期，赫里平和拉普钦斯基等杰出人物，批判性地接受了杜黑思想的精华，从战略高度肯定空军在现代战争中的战略价值，将空军视为夺取战争胜利必不可少的力量，十分重视发展以轰炸航空兵为主的空军战役军团。但在 20 世纪 30 年代，苏联党内整肃运动扩大化后，赫里平和拉普钦斯基等人从苏联军队中销声匿迹，苏联空军的建设方向也随之发生了重大的变化，由注重发展战略突击力量转变为主要发展战术突击力量。这种建设思想的转变与大纵深战役理论相结合，使苏联空军不论在作战理论还是部队结构方面都具有相当突出的独特性。第二次世界大战中苏联空军主要作为一支战术突击力量协同地面部队作战，对夺取战役的胜利发挥了重要的作用。但苏联空军缺乏直接遂行战略打击任务的能力，因而对整个战争进程直接施加影响的能力显得相当薄弱。

第一次世界大战结束后，在杜黑理论的直接影响下，欧洲主要国家相继建立了独立空军。1923 年，杜黑的祖国意大利建立了独立空军，杜黑一生的最大愿望终于成为现实。但是由于受技术条件的限制，意大利始终没有建立起一支强大的空中力量。意大利空军不仅不具备遂行战略空中打击的能力，即使是战术突击力量也相当弱小。

1934 年，较早研究杜黑理论的法国建立了独立空军，但法国沉浸于第一次世界大战的胜利之中，军事思想较为保守落后，其空军建设也受到了极大的束缚。

1935 年，迅速崛起的德国建立了独立空军。杜黑理论对德国空军早期的作战思想曾产生过重大影响，德国空军首任参谋长韦维尔十分推崇杜黑的观点，极力主张把空军建成一支强大的战略打击力量。但在他去世后，这一主张未能变为现实，最终德国空军建成了一支与地面军队协同作战的具有强大突击力的战术空中力量，并依据“闪击战”理论发展装备和确立相应的指挥控制体制。德国空军作为强大战术突击力量在第二次世界大战初期的机动战中发挥了重要的作用，但当战争转入持久的消耗战后，德国空军结构不合理的重大缺陷就完全暴露出来了。其装备以战术作战飞机为主，遂行战略轰炸任务的重型轰炸机数量少且性能不佳，结果不仅导致德国空军在“不列颠之战”中未能完成夺取海峡制空权的战役任务，也使德军登陆英伦三岛的“海狮”战略行动计划无限期推迟，同时也使德国在遭到美英持续的战略轰炸的情况下未能组织起有效的报复性轰炸。

在美洲，最早重视独立空军作用的是加拿大，于 1920 年即建立了空军。之后，墨西哥于 1924 年，智利于 1930 年，巴西于 1940 年先后建立了规模不等的空军。

飞机诞生于美国，但这一划时代的成就并没有引起美国官方足够重视，直到第二次世界大战结束后才真正赋予空中力量独立军种的地位。先是在 20 世纪 30 年代，受杜黑思想影响的美国的米切尔为宣扬空中力量作用做出了不懈的努力，美国空中力量的建设在这些思想与传统军事思想的斗争中缓慢地向前发展着。在此期间，美国空中力量由一支遂行战斗保障任务的勤务保障力量，发展为一支执行战术支援任务的战术突击力量，以中队数量计算，驱逐机部队由原来的22%增加到35%，轰炸机部队由原来的22%增加到27%，观察机部队由原来的44%下降到29%，强击机部队由原来的12%下降到9%。特别是20纪30年代中期，美国军事航空部队的指挥体制中建立了总司令部航空兵指挥机构，其下编有若干联队级的战术作战部队，这就在战役使用层次对空中力量实现了集中统一指挥。美国参加第二次世界大战前，其陆军先后实施了“24个大队”的计划，积极扩充陆军空中力量。随后美国陆军将航空队改编为陆军航空兵，成为陆军中一个重要的作战兵种。后来建立了空中力量的战役军团即航空队，使美国空中力量在第二次世界大战中得以实施一些独立的战略行动。真正促使美国空中力量向独立空军转变的重要因素也是第二次世界大战。在这个过程中，俄裔美籍航空人士塞维尔斯基在1942年出版的著作《通过空中力量制胜》中指出：为有效发挥空中力量的作用，国防力量的建设应该确立空军独立军种地位，实行陆上、海上和空中力量相互平等。同时提出了通过空中力量赢得战略优势的思想，他认为美国具有强大的技术优势，在未来总体战中美国可以而且能够依靠空中力量取胜，因此必须改造美国的国防结构，建立一支强大的、具有全球到达能力的战略空中力量，美国仅仅通过威胁使用战略空中力量，就能有效保障其国家利益。塞维尔斯基的思想从主体上讲并非全新，杜黑、米切尔等人在其著述中已论述过有关主要观点。但塞维尔斯基与杜黑、米切尔显著不同之处，在于他主要影响普通民众而不是决策者，同时其思想具有坚实的航空技术基础并为广大民众所接受，并通过民众去影响决策者，因而塞维尔斯基的思想产生了巨大的影响。盖洛普民意测验表明，支持建立独立空军的美国民众在1941年8月时为42%，而到1943年8月则上升至59%。1946年9月，美国国防法终于正式确立了美国空军的独立军种地位。

空中力量在第二次世界大战中发挥的重要作用，使空军的独立地位得到普遍承认。许多在大战期间和战后建立空军的国家，在空军建立伊始就确立了它的独立军种地位。杜黑建立独立空军的愿望成为世界空军发展的总趋势。

## 六、奠定了军队体制的发展趋势

杜黑早在1921年的《制空权》中，基于空军的出现，就对军队的体制结构和空军的编成提出了设想，勾画出系统性、逻辑性很强的模式。随着军事技术的发展和战争实践的检验，他当时的许多设想已经被许多国家采纳了。[43]57-58

陆海空三军之上的总参谋部统一指挥制。空军出现之前，各国多有陆、海军两个参谋部；空军出现后，如何对三军实施统一指挥和协调，杜黑在1921年即意大利空军成立前两年，就提出成立一个权威机构，“这个既非陆军又非海军的国家机构，它能洞察战争的总体，能不带成见地衡量三个军种的价值，通过他们的协调取得最大成果”。[12]75当时，在陆军部和海军部之上不存在这样的权威机构，国防资源的分配不能够做到科学合理。而建立了超越军种利益的机构，才能够洞察战争的总体，才能不带成见地衡量三个军种的价值，通过它们的协同取得最大成果。目前世界各国大都建有陆海空三军之上总参谋部统一指挥三军。

总参谋部统一指挥下的陆、海、空三军并立制。在飞机诞生之初，航空兵都是作为陆海军的配属，而杜黑主张把航空兵从陆、海军中分离出来，建立独立空军，并实行三军并立。这种主张一开始就遭到了各国的强烈反对，但是杜黑的主张顺应了客观发展的需要，其后各国大都陆续采纳了。

空军自身统一指挥下的多职能兵种制。杜黑把独立空军的含义定为：“组成能够夺得制空权的空中力量的所有航空兵器的总体。”[12]37认为空军的总体结构应包括职能不同而相互依赖的轰炸队、空战队和侦察机队，并对各种飞机的设计要求提出了明确意向。多年来，各国空军建设大都循着杜黑的设想。

空军作战力量编成中以进攻力量为主体。杜黑认为，航空兵最重要的特性是进攻，主张空军要有最大限度的轰炸力量。对此尽管各国的看法不一，但目前各空军强国都是以强大的战略和战役战术突击力量为骨干的。

主张成立研究军事科学技术的学术机构。杜黑认为，指挥三个军种的总参谋部应当由具有三军知识的“总体战的专家”组成，而为了培养“总体战的专家”，可以先成立一个军事科学院的机构，从三军中挑选出最有才能的、好学上进的和思想开放的军官在一起研究有关三军合同作战等新问题。此外，为了实现正确分配国防资源的计划，还可以成立军事学院，或称之为总体战争学院。这是一个鼓励和组织学习研究有关总体战争的各种问题的场所。通过军事院校，人们可以讲授军事学说，可为总参谋部训练军官。而如今各国都把军事院校当作本国军队发展的重要人才和技术基地。

## 七、影响了战争面貌的发展趋势

杜黑有关军事技术方面的论述，推动了航空技术的发展，促使各国纷纷建立了独立空军，也奠定了军队的发展模式，这些现象必将影响世界战争的发展趋势。从《制空权》问世到现在，战争实践发展的轨迹，正沿着杜黑指明的方向，一步步验证着杜黑的预言。

第一次世界大战中，空中力量的重要作用已得到了证明，大战之后各国都加强了空军建设，从此建立起来的独立空军，在历次战争中都发挥了重要作用。1935 年，意大利发动了侵略埃塞俄比亚的战争。当时战场距意大利本国 500 千米，而且埃塞俄比亚的地形复杂，多是山丘和沙漠，这严重妨碍了陆军的作战行动。意大利依据杜黑理论使用了空军，使战争进程由原来军事家预言的 6 年多时间缩短至仅 1 年多的时间。意大利空军在这次战争中出动军用飞机 500 多架，由于空军的参战，明显地加快了战争的进程，减少了长期战争的消耗。又比如在 1936 年至 1939 年西班牙内战中，交战双方上千架飞机展开了争夺制空权的斗争，并进行了一定规模的突击和轰炸，最后由于叛军拥有较强的空中力量而夺取了制空权，这成为共和国军失败的重要原因之一。

在第二次世界大战前，各军事强国的空军都得到了长足的发展，飞机的数量和质量及空军的规模，都达到了很高的程度。杜黑关于建立独立空军、夺取制空权、集中使用空中力量、空中进攻等思想，在第二次世界大战中得到了充分发挥。德国对波兰、法国、荷兰、比利时实施的“闪电战”以及对苏联的入侵，都是首先使用大量航空兵突击对方机场夺取制空权，从而有效地保障了突然袭击的成功。[44] 其主要原因是，德国吸取了杜黑理论，发展了一支比任何国家都强大的空军，并以其空军通过“摧毁鸟蛋和鸟巢”即摧毁敌方地面基地上的空军的方法，首先夺取了战略和战役的制空权。战争后期，盟军为加快结束战争进程，曾对德军战略后方实施了大规模轰炸，使德国石油工业、航空工业和交通运输处于瘫痪状态，为取得战略制空权创造了条件。杜黑主张的使用轰炸机实施大规模轰炸的想法得到了体现。美国当时的陆军航空队司令阿诺德认为，他们战略轰炸的思想，是以杜黑的思想为基础形成的。

杜黑理论的信奉者，一直将杜黑预言的空中战争模式作为矢志努力的方向，而在现代技术的推动下，空中力量的高速机动、远程奔袭、精确轰炸和猛烈突击的作战能力已经有了巨大的增长，使空中战争不再是军事理论家头脑中的一种虚幻想象。

海湾战争首次使空中战争的雏形展现在世人面前，在 42 天的战争中，多国部队空中力量日平均出动量达到 2 880 架次，独立的空中战役持续时间达 38 天，占整个战争持续时间的 91%，基本上靠空中作战就达到了战争目的。[45]在第一天的空袭中，多国部队共出动了 2 000 多架次飞机，发射了 118 枚巡航导弹，投掷了 3. 8 万吨弹药。空袭结果，萨达姆的总统府、巴格达电报电信大楼、空军和防空司令部被摧毁，巴格达附近的两个机场遭到严重破坏，许多防空设施，如雷达站、导弹发射场被摧毁，一些工业设施、巴格达电厂、电视大楼也被炸坏。这一天的空袭是多国部队整个空中作战阶段的一个缩影，持续的空中战役共出动飞机近 10 万架次，基本摧毁了伊拉克的战争潜力和军事实力，毁伤伊拉克地面部队的兵力达 40% 以上，使伊拉克陆军近一半的主力师丧失了作战能力；基本摧毁了伊拉克骨干空军基地，将伊拉克 30% 的空中力量摧毁于地面；伊拉克的海军则在空中打击之下损失了 90% 以上；伊拉克幼发拉底河及底格里斯河上的重要桥梁贯穿伊拉克全境的高速公路系统和铁路运输系统被切断，伊拉克在南部和西部的战场被完全孤立起来。这表明高技术局部战争下独立的空中战役已经成为战争中最为重要的作战阶段，是消灭敌人有生力量及主战兵器，摧毁敌战争潜力的主要手段。

战争转入地面进攻后，空地一体突击更显示了巨大的威力。以美国为首的多国部队空降集团和装甲突击集团，在空中力量的掩护和支援下隐蔽完成了向西部战线长达280千米的战役机动，伊拉克战略战役指挥机构对此一无所知。直升机机降部队率先突入伊拉克战役纵深，在战线后方近100千米处建立起前进突击基地，等待轻装突击师的增援；巩固战术胜利后，机降部队以蛙跳形式迅速前出至下一地区，在发起地面战役3天的时间里，机降突击集团在伊拉克战役纵深建立了2个前进基地，进行了34次空降突击，前推纵深达200千米以上，在伊拉克战役纵深完成了对伊军重兵集团的包围，割裂了伊军前沿与纵深的战役联系，并与主攻方向上快速推进的装甲集群共同形成对伊军的夹击之势。由于持续空中战役已经产生了巨大的积累效应，地面战役只持续了短短几天的时间就迅速结束了。

海湾战争是以空袭为主要内容的大规模常规高技术战争，在军事领域具有划时代的意义，它说明大规模空袭可以完成战争目标的大部分任务，对战争的进程和结局起决定作用。在多国地面部队发起进攻前，伊拉克政府就已宣布接受联合国提出的要求和条件，也就是说，38天的空袭实际上已达成了“以炸迫和”“以炸迫撤”的目的。

杜黑论述过的关于民航作为空军后备军的设想，再次得到验证，海湾战争中，美军展开战略空运，几乎将一座中等城市搬到中东。[46]“沙漠风暴”行动结束后，美国空军查尔斯将军指出杜黑理论不是错误的仅仅是被推迟验证了。正像西方媒体评述的那样，杜黑主要的思想被“沙漠风暴”的执行者美国空军高层和民航人员所重复，尤其是美国空军制造了意大利理论家杜黑所预测到的事实。美国空军在经历了70年的发展后，恢复了杜黑制空权理论的一些特性，重建了通过夺取制空权取得胜利的论断。[47]

20世纪90年代末期的科索沃战争，是人类历史上第一次完全由空中力量进行的大规模战争。在这场战争中，以美国为首的北约军队针对危机的性质、战区自然情况和对手的强弱点，确立了“以空制地”的战略指导思想。北约的政治领导人在科索沃危机伊始权衡军事胜利与政治风险后，就明确排除地面干预的可能性，坚定地选择了空中打击的高效方案。正如北约战略计划人员所说：“空军战略是解决科索沃问题的最佳战略。在空中我们拥有10∶1的优势，而在地面战争中呢？尽管我们可能仍然占有优势，但最多只有3∶1的优势。”因此，历时78天的科索沃战争完全由空中力量进行，地面部队只充当了维持治安和保卫基地安全的辅助力量，使得科索沃战争成为第一次真正意义上的空中战争。

在整个科索沃战争中，以美国为首的北约空中力量出动量达到3.5万架次，日平均450架次。虽然这一出动强度在数值上明显低于海湾战争，但是科索沃战争中空射武器的制导方式以全球定位系统为主，在“沙漠风暴”时是以激光制导、电视制导或惯性制导为主；在这场战争中精确制导武器的投射量在总投射量中的比例达到80%～90%，而沙漠风暴时这一投射量只占8%。[48]因此，科索沃战争中的实际突击效果远远超过了海湾战争，北约飞机仅被击落2架，战损率远低于海湾战争。最终，北约仅靠空中力量就实现了既定的战略目标，赢得了战争，首次创下了在大规模战争中完全由空中力量达成战争目的的纪录，杜黑空中战争的梦想在高技术时代终于成为现实。

# 第七章　杜黑军事技术思想对我国的影响

列宁曾经说过："最先发明的那架蒸汽机也是不好的，甚至不知道它是否开动过。"新生事物一开始并不是最好的，其发展一般都要遇到重重阻力。杜黑的军事技术理论作为一种新事物，自问世并广泛传播以来，世界上对杜黑理论的称谓和核心内容的揭示与描绘多有不同，其中有否定的，也不乏对其重要地位和作用的评价。其在我国的传播和发展中经历了曲折的过程。在这个过程中，一直伴随着热烈甚至激烈的学术争论。

## 一、杜黑理论在我国传播的曲折历程

我国对杜黑理论早有研究。早在杜黑创建空军理论的同时期，孙中山先生就提出"航空救国"的主张，并认为飞机将是未来战争决胜之武器，但限于当时的国情，现实与理想相去甚远。另一个就是，国民党空军将领周至柔在1936年发表了《国防和航空》一文，指出"现在的世界已到了'无航空即无领空''无空防即无国防'的时代"，针对各国高速发展空军的势头，他不无感慨："我不禁三呼'迎头赶上'"。[49]105

中华人民共和国成立后相当长的时期内，由于受苏联对杜黑理论持全盘否定或基本否定态度的影响，我们对杜黑理论的理解和研究，要么知之肤浅，要么识之偏颇，要么全盘否定。我们可以归纳出当时对杜黑理论所持的基本观点：杜黑理论是资产阶级军事理论，寻求速决战，害怕持久战，它为帝国主义侵略扩张的需求服务，是不能借鉴的。

在20世纪30年代，苏联国防人民委员伏罗希洛夫，指斥帝国主义者把赌注押在空军身上，并认为杜黑理论是完全站不住脚的。1957年苏联国防部军事出版社出版的M. A. 米尔斯泰因等人的《论资产阶级的军事科学》一书中，在对杜黑理论作了某些客观分析的同时指出：“杜黑所有著作都是建立在力求寻找一种不需要建立大规模的武装力量和不需要进行持久战的斗争方法的基础之上的。无疑地，这一切都反映了资产阶级害怕持久战和他们对于帝国主义战争可能转变为国内战争，转变为革命的本能的恐惧。”

1986 年版《苏联军事百科全书》第 1 卷“空军制胜论”词条称：空军制胜论是“表述空军在军事行动中起主导作用并能单独决定战争结局的一种概念。意大利将军杜黑在其所著《制空权》和《19 × ×年的战争》中，第一次阐述了‘空军制胜论’这一概念的实质。空军制胜论符合了资产阶级那种不建立庞大军队就能达到军事目的的愿望，这种理论在 20 世纪 30 年代曾甚为流行。第二次世界大战证明，杜黑的观点是站不住脚的。”

1986 年版《苏联军事百科全书》第 3 卷“空军学说”词条称：“……‘空军学说’这一概念，有时也可从比较狭隘的意义上去理解，即指某一军事家或政治家（如杜黑等）的个人观点和理论”“空军诞生以后，随之出现了关于它在未来战争中的作用、能力和使用特点的理论。第一次世界大战中和战后二三十年代，由于空军的迅速发展，在某些外国军事理论家中产生了过分夸大空军能力的论点”。很显然，这里所指的“过分夸大空军能力”的理论家就包括了杜黑。

1976 年版《苏联军事百科全书》第 7 卷“杜黑 · 朱里奥”词条，在介绍了杜黑的主要观点之后指出：“他的理论反映了资产阶级的阶级利益和资产阶级害怕人数众多的军队起来革命的心理。他夸大空军的作用……第二次世界大战和战后许多局部战争的经验证明，杜黑的空军制胜论的见解是毫无根据的。”

1983 年版《苏联军事百科词典》“杜黑 · 朱里奥”词条称：杜黑“提出空军起主导作用的理论，据称只要空军取得了制空权，就能以突击敌人后方的国家和经济中心的方式来决定战争的结局。杜黑的理论反映了害怕军队士兵起来革命的资产阶级的利益。世界大战和后来的局部战争经验证明杜黑的见解是没有根据的。”

我军原最高军事学府空军系 1952 年 1 月版的《空军战术概则》教材说：“第一次世界大战结束后，在各资本主义国家中的资产阶级的军事思想家，广泛地散布着‘机械化军队制胜论’。这种‘理论’反映了以机器代替人的企图，打算避免使用那些不愿在资本家手中充当驯服工具的庞大军队。在这些‘理论’中，一个名叫杜黑的意大利将军，他的观点占据了显著的地位，他夸大了空军的威力，做出了错误的结论。”

该系还在1958年5月版的《空军战役法概则》教材中指出：“‘空军制胜论者’是毫无根据的。这是由于其侵略战争的本质，企图以机械代替人的作用为其战争服务的一种幻想。”

我军最高军事科学研究机关1987年12月版的《战略学》一书，有关“战略理论的形成和发展”一章中，在肯定“杜黑关于空军建设与运用的许多见解都被战争的发展和空军的发展实践证明是正确的”同时还指出：“他的《制空权》一书，对各国空军的建设与运用有广泛的影响，但过分夸大空军的作用，而贬低陆军和海军的作用，则不免失之偏颇。”

1988年我国某权威军事理论杂志，在创刊号上刊登的《论军事科学》的权威性文章论及杜黑理论时指出：“两次大战之间，意大利的杜黑提出‘空中战争’理论。英国的富勒提出‘机械化战争’理论，上述各种战争理论，适应了帝国主义国家统治阶级对外扩张，争夺世界霸权的需要。由于他们主观片面地夸大某种新式武器或某个军种、兵种的作用，往往得出错误的结论。”在1989年5月出版的《中国大百科全书·军事》第Ⅰ卷正文前的专文《军事科学》中，又重复了上述结论。

1989年5月版《中国大百科全书·军事》第1卷“空中战争论”词条说：“一种认为空军可以独立进行战争并能单独决定战争结局的理论。亦称空军制胜论。第一个系统阐述这种理论的，是意大利军事理论家杜黑。持类似观点的还有英国空军元帅特伦查德、美国空军军官米切尔等人。他们主张建立强大的空军，认为空军在未来战争中将起决定作用。随着导弹、核武器的出现，又有人认为使用战略轰炸机和导弹实施大规模核突击，即可决定战争结局，这实质上是空军制胜论在新条件下的反映。战争实践证明，尽管空军可以独立作战，并在现代战争中起重大作用，但主张单靠空军就可以决定战争结局的理论是错误的。只有各军种、兵种协调一致的行动，才能赢得战争的胜利。”

该书还在杜黑·朱里奥词条中写道：“杜黑根据飞机在第一次世界大战

中的运用，第一个比较系统地提出空军建设和作战的理论。这种理论又被称为‘空军制胜论’。杜黑的理论，对两次世界大战之间各国的空军建设，尤其对轰炸机的发展曾有过重要影响。实践证明，他的一些观点直到今天仍然值得重视。但他夸大空军的作用，认为单靠空军轰炸就能赢得战争胜利，则是错误的。”

1989年6月版《中国大百科全书·军事》第2卷“制空权”词条说：“1909年，意大利军事理论家杜黑预言，现在人们都强调制海权的重要，但不久就会看到，制空权将变得同等重要。第一次世界大战中，飞机广泛用于军事，杜黑在1921年发表的《制空权》一书中，又系统地提出了制空权的理论，他对制空权的解释是，阻止敌人在空中飞行，而保持自己能在空中飞行。他夸大制空权的作用，认为夺取了制空权就有剥夺敌人生存的可能，就可取得战争的胜利。”

在1991年的海湾战争前后，我国军事学术界围绕着在可能进行的和已经进行的这场战争中空中力量的作用问题有两种不同的观点。在战前预测中，一种意见认为，空中力量可能成为决定性力量；另一种意见认为，美国和多国部队指望空中力量起主导作用，将不可能达成战略目的。在战后研究经验教训中，有的观点认为，主要是“靠地面部队100小时”才最终把伊拉克军队赶出了科威特，而对美国国防部在《海湾战争》最后报告中明确阐述的，空中力量在战争中起“决定性作用”的结论不以为然。这实际上仍是过去关于杜黑理论不同认识上残留的影响所致。

从上述摘录的对杜黑理论全盘否定或基本否定或对他的主要观点否定的评价中，可以归纳出否定者有以下基本观点：

杜黑理论是资产阶级军事理论，寻求速决战，害怕持久战。它为帝国主义侵略扩张的需要服务，是不能借鉴的。

杜黑理论是唯心论和机械唯物论，主张以机器代替人，寻求小规模而又有大功能的军队模式。这就否定了人是战争的主体，否定了设置大量的陆、海军的必要，这只能是一种幻想。

杜黑理论是扼杀革命的理论，主张发展空军和减少陆、海军的目的，在于避免人数众多的军队起来革命，这是反动的。

杜黑理论是“空军制胜论”，认为单靠空军轰炸就可以赢得战争的胜利，这是错误的。

杜黑理论是狭隘的军种偏见，认为空军对战争的进程和结局可以起决定性作用，空中战场将成为决定性战场。这夸大了空军的作用，贬低了陆、海军的作用，是与以往战争中陆军起主导作用的理论与实践相悖的。

可以说，自1986年空军指挥学院将英译本译成完整的中文版《制空权》并做了较系统的评价后，我们对杜黑及其著作一分为二的评论，使我们对杜黑理论有了较为全面和客观的了解。但在这方面的研究，还远远不够。直到海湾战争、特别是科索沃战争后，我们才对杜黑思想有了普遍性的、与世界接轨的看法。即在指出杜黑理论的某些偏颇和错误的同时，充分肯定其创造性、基本点的正确性及对后世产生的重大影响。

## 二、对杜黑军事技术思想持各种看法的原因

### （一）人与武器关系的不同认识

杜黑理论的反对者把杜黑主张发展强大的空中力量，相应地减少陆、海军的数量，斥之为“资产阶级力求使未来的战争具有机动性，以及企图避免建设大量的军队，并想在短期内获得胜利”和“企图以机器代替人的作用”。

从这些非难中可以推断出这样几个意思：在军队中，机器不应代替人，也不可能代替人；掌握先进技术装备的空军是机器，配备传统步兵武器的陆军是人，通过发展空军而减少陆军数量，是企图以机器代替人，而这只能是幻想，是“赌注”；杜黑“寻找一种不需建立大规模的武装力量”的思想基础是“恐惧”大规模的地面军队可能会引发革命。

在军队中，机器应不应该代替人，现代军人都会作出科学的回答。在数万年人类生活的长河中，工具的制造和使用，成为人脱离动物界的手段和标志，工具的不断改进和创新带来的生产力的持续发展，及其引起的生产方式的多次变革，成为推动社会发展的原动力和划分社会发展阶段的基本标志。从一定意义上说，人类社会发展的要求，就是发明种类越来越多、自动化程度越来越高的机器，成为人的头脑和双手的延伸。从而使人从各

种繁重、复杂、危险的劳动中解放出来。军队是一定社会历史条件下的产物，伴随着社会发展，不断加强武器装备的机械化、现代化程度，是军队发展的方向，是人类文明的标志之一。这就像恩格斯所说："正如同纺织机的生产率如果不用蒸汽力代替人力，也就是说如不创造与旧的手织机大不相同的新的生产工具，便不能增加3倍一样，在军事学上也不能利用旧的手段去达到新的结果。只有创造新的、更有威力的手段，才能达到新的、更伟大的结果……创造了新纪元的伟大的将领，不是新的物质手段的发明者，便是以正确的方法运用他以前所发明的新手段的第一人。"杜黑还在航空技术初创时期就为这种标志人类文明一大进步、具有广阔前途的新科学技术的发展和在军事领域里的运用，摇旗呐喊，积极开拓，成为新军种诞生的助产婆，并且就空军的作战运用、发展建设提出精辟的、具有深远影响的见解，使军事学术发生革命性变革，这在人类军事学术史上是一大贡献，应该加以肯定。

在军队中机器有没有可能代替人，现代军人也会作出恰当的回答。无论多么高智能的机器，永远也不可能完全代替人，其地位永远不可能超过人。战争实践说明、无论是古代、近代和现代，人都是战争胜负的决定因素。因为人主宰一切，人是一切机器和武器装备的制造者和使用者，人的能动作用发挥的程度的不同，决定着武器装备先进程度和发挥作用程度的差别；但机器又可以越来越多的代替人的许多劳动，包括部分脑力劳动；机器和人总是相互作用的、具体的、历史的统一，不能总是把他们对立起来研究问题。回顾一下武器发展过程曾经经过石器时代、冷兵器时代、火器时代、机械化时代、原子时代、电子时代等阶段，与此相应，军队发展也经过体能军队、技能军队、智能军队三个阶段，就会不言自明了。随着军事科技的发展、武器装备的作用显得越来越突出了。第二次世界大战以来两大军事集团的军备竞赛，主要是武器装备现代化程度的竞赛。海湾战争中，美军利用各种高技术的武器系统，不仅大大加快了战争的进程和影响了战争的结局，而且大大降低了官兵的劳动强度和减少了伤亡；我军新时期建设的中心任务，就是努力实现武器装备以及与之相适应的人员素质的现代化。当然，在杜黑理论刚刚问世的时候，反对者说"这是幻想"是不足为怪的。因为，还在用现在的眼光去衡量，简直不能称其为飞机的飞机刚问世不久，即在飞机用于军事用途前两年，杜黑就说："空中力量将自动地不可避免地急剧增长""天空也将成为重要性不次于陆地和海洋的另一个战场"。反对者绝对估计不到，飞机这种"机器"用于军事，能有以后那样大的发展，总数曾达到数十万架，并在许多方面代替了士兵的作用。同样，在民用航空的问题上，一些人认为杜黑的预言是"幻想"也不足为怪。因为当1909年杜黑高度评价为人类征服天空而作出长久不懈努力的人，是"无畏的先驱""真正的先知"时，世界上只有德国用4艘齐柏林飞艇开办了第一家航空公司，而这4艘飞艇中，还有3艘飞行失败。杜黑在写《制空权》一书时指出："空中航行是一种文明的手段，关于它的未来，意见可能有分歧，但有一点是肯定的，人类依靠天才和勇敢，经过上千年的试验和失败而造出来的这种机器，是运输史上最快、最出色的发明。它的最终发展现在无法预言，但一切迹象表明它将有很长的寿命。"

按照马克思主义的辩证唯物主义的认识论去分析，军队中那些以机械化为标志的武器装备是中性的，无产阶级也同样可以掌握，因为武器装备本身只有自然属性，并没有阶级属性。武器装备的发展状况只是标志社会生产方式的水平，并不能区别战争的性质和决定战争的政治目的。不管何种武器，由哪个阶级掌握，就为哪个阶级服务。无产阶级同样可以而且应该拥有机械化和一切现代化武器。

无产阶级在夺取政权和捍卫政权的斗争中，必须以自己的"机械化"去对抗敌人的"机械化"。无产阶级特别是殖民地被压迫民族，天生没有先进武器，以勇敢的精神和巧妙的战略战术战胜装备上优于自己的敌人，是其革命斗争的基本规律。然而，并不是注定永远没有和不应该有先进武器。相反，为了战胜剥削阶级，必须设法使自己的军队实现机械化和现代化。正像恩格斯在《1852年神圣同盟对法战争的可能性与展望》中所说："无产阶级革命……不是消灭蒸汽机，而是增加它的数量。""革命将以现代的军事手段和现代的军事学术来与现代的军事手段和现代的军事学术作战。"也像列宁在十月革命刚刚胜利的1918年就指出的："战争……教会我们懂得占上风的，是拥有高度技术装备、组织性、纪律性和头等机器的人。战争用这一点教导我们。这种教导好极了。应该懂得，没有机器，缺乏纪律，在现代社会中是不能生存的——或者是必须拥有高度技术装备，或者是被人消灭。”当然，新掌权的无产阶级和获得独立的被压迫民族的军队，实现机械化、现代化，需要经过极大的努力和漫长的过程，但是这个方向应该是坚定不移的。

无产阶级的军队由于经济技术条件的限制，在短时间内不能实现机械化、现代化并不可怕；为了提倡部队勇敢战斗、勇往直前的精神，在某些特定场合，宣扬下苏沃洛夫《制胜的科学》中“子弹是笨蛋，刺刀是好汉”的名言，或者米·伊·德拉格米罗夫的“子弹变得比废物强了一点，但却永远成不了好汉”的说法，也未尝不可。但是，如果把它作为普遍的规律和正确的观念加以接受，并且像讥笑杜黑提倡通过发展航空技术、提高军队的作战能力谓之“以机器代替人”，把机器和人绝对对立起来，则是不可取的。这正像恩格斯早就指出的：“手枪战胜利剑，即使最幼稚的公理论者在这里也应当明了，暴力不是单纯的意志行为。”用诅咒“以机器代替人”的观点指导军队建设，只能是葬送军队。对此，列宁生前曾严肃告诫苏联人民：“一支军队不准备掌握敌人已经拥有或可能拥有的一切斗争武器、一切斗争手段和方法，谁都会认为这种行为是愚蠢的甚至是犯罪的。”

人类社会发展史特别是军事斗争史告诉我们，一个真正的军人，特别是高级将领，对于高新科学技术及其在军事领域里的应用，应有高度的敏感性，洞察趋势，跟上步伐，以争取战略主动权。在高新科技面前，拘泥于以往的思维模式，或者以轻蔑的、不屑一顾的态度消极对待，带来的必然是战略被动；即使是迟疑徘徊不长的时间，也将造成一定程度的落后。海湾战争后，国内学术界曾经在未来战争的立足点问题上，进行了热烈的讨论。一种意见认为，海湾战争的高技术武器在武器装备总量中占的比例不大，战争形态尚未发生根本性的变化。这场战争有很大的特殊性和局限性。我们进行的是人民战争，高技术程度低，很难甚至不可能打高技术战争，西方的经验不能为我所用。有的同志甚至怕过分宣传战争的高技术性，而导致唯武器论和唯技术论。我们认为，研究战争及其指导规律，必须坚持毛泽东再三倡导的军事辩证法，要着眼其特点，着眼其发展。

研究海湾战争的实践和经验教训，要把环境条件和出发点，放在现实的基点上，即放在信息时代和高技术的基点上。海湾战争的确是一场特殊的战争，美国国防部长对此作了专门论述，归结起来有 6 条：①战争准备时间长；②伊拉克政治上空前孤立；③有可供立即使用的、较完备的空、海军基地设施；④有便于发挥空军和装甲力量的理想地形条件；⑤美军没有受到伊方空、海军的真正威胁；⑥伊方的统帅部犯了错误。对此我们还可以补充一些，比如说，这场战争是美国20世纪90年代先进的诸军种在陆、海、空、天各个战场联合作战理论，与伊拉克的落后的40年代的马奇诺式防御理论的较量；伊拉克空军错误地采取消极防御、零打碎敲的用兵方针；等等。这些分析归结为一点，就是美国人再也不会重蹈第二次海湾战争，海湾战争在近期也不可能成为所有国家进行战争的基本模式。对于广大第三世界国家来说，不应该完全照搬照套这场战争的模式和理论。然而海湾战争毕竟是最新发生的、被一些人称为“第2.5次世界大战”的、内容完整的常规高技术战争，它充分反映了后核时代战争的基本特点，是战争样式的新潮流，标志着人类战争史进入到一个崭新的阶段。它不仅预示了未来战争方法、样式的基本趋势，而且它的理论与实践，实际上是一部完备的现代战争教科书，它将在今后数十年内，对世界军事领域的演变产生重大影响，并将继续对战争的发展和军队的建设起导向作用。美国官方认为：“美国未来的国家安全和未来10年以至10年之后美国青年的生命取决于我们今天能否认真地吸取海湾战争的经验教训。”未来战争的普遍性正是寓于这场战争的特殊性之中。类似海湾战争诸军种联合的、高立体、全纵深的高技术局部战争模式，将是任何国家的军队难以回避的现实。海湾战争从某种意义上说是一场空中战争，它给我们提供的情况和经验，集中起来是两个字：一个是“高”，一个是“新”。对于空中作战领域的某些部分，我们必须有从“零”开始的学习和研究态度。钻进去、弄清情况；跳出来，科学分析，决定取舍。至于怕滋长高技术决定论的问题，随着科学技术的发展和人类文明的进步，只要是有常识的军人，包括资产阶级军事家在内，几乎都能作出正确的回答，美国官方就曾得出“战争依靠战士来赢得”的结论。科学技术是第一生产力，也是第一战斗力。人与技术历来是历史地、辩证地统一，这正是人类社会发展的根本动力。在战争领域，没有必要把人与技术绝对地对立起来。我们虽然还难以像技术先进国家那样打完全高技术的战争，但是我们必须立足于高技术条件，研究如何争得高技术，如何以非高技术对付高技术，以及如何以少量高技术和大量非高技术相结合对付高技术。在当前和今后一个时期，紧密地结合我军实际，深化现代条件下人民战争理论和高技术条件下制胜之策，是我军的一项历史性任务，也是加强我军质量建设的前提。当前对于海湾战争的高技术问题的研究，着重点仍应是它的普遍性和导向性，而不应过分强调它的局限性和特殊性。因为从战争的演变史看，高技术战争已经是并将继续是人类战争的基本形态。不确立这样的基点，就会重蹈过去一些人类似批评杜黑的所谓“以机器代替人”的错误。

总之，人与武器装备都是构成战斗力的要素：人是决定因素，科学技术物化的武器装备是重要因素，要始终强调二者的结合和同步协调发展。

### （二）意识形态领域的争论

长期以来，由于意识形态领域的争论，我们对待资产阶级的理论往往采取一概排斥的态度，这也就导致了对杜黑理论的不正确的评价。比如苏联军事学术界认为，作为资产阶级军队的将军、法西斯党员的杜黑，其理论特点富有侵略性和反动性。诚然，作为管理和使用军队进行军事斗争准备的理论，在一定的发展阶段上，总是反映一定的社会形态中一定阶级的要求，受到生产关系和经济基础的影响和制约。因此，杜黑理论具有资产阶级的印记是毫无疑问的。杜黑理论也确实为资本主义的意大利及其他资本主义国家的军事斗争服务。

然而，正如马克思在《资本论》中反复阐述的管理理论具有社会属性和自然属性的“二重性”理论一样，军事理论也具有它的“二重性”。军事理论的社会属性，反映了一定的社会形态中统治阶级的要求；军事理论的自然属性，则反映了使用军队和武器装备中社会协作过程本身的要求，是一系列科学方法的总结。因而无产阶级可以借鉴资产阶级的一切符合科学的东西，结合自己的情况加以消化、改造和运用。杜黑理论虽然在运用时曾服务于资产阶级，它又是在航空技术发展基础上的科学预测和战争经验的升华。飞机问世了，如何将这种机器用于军事，如何以飞机为武器装备组建新的武装力量，如何有效地使用这种力量和不断促进这种力量的发展，如何处理新的武装力量与其他武装力量的关系，这是时代性的课题。是不论什么阶级性质的国家都必须回答的。杜黑首先比较好的回答了这些问题。

因此。杜黑理论是可以有选择地借鉴的。

同此道理，资产阶级国家军队人数的多少，并不是人民革命的必然条件。杜黑理论的反对者认为，杜黑主张建立精干而“威力强大”的独立空军，压缩人数众多的陆、海军，是“资产阶级害怕人数众多的军队起来革命”。理由是，“庞大军队”不愿在资本家手中充当驯服工具。按照这条理由进行逻辑推理，人们可以引申出三点结论：①革命的胜利有赖于反动营垒里的庞大军队起来革命；②在资本主义社会，哪个国家的军队人数多，就难以驯服，就要造反、革命，而人数少的军队容易驯服，难以倒向革命；③在资本主义社会，机械化程度高的空军容易驯服，装备落后的陆、海军容易革命。但是理论和实践都告诉我们，反动营垒里的军队和革命之间并没有必然的联系，他们能否参加起义、参加革命，既不在于人数的多少，也不在于是否机械化，更不决定于是哪个军种，关键在于各国的社会条件及共产党、无产阶级在反动军队中宣传和组织工作的程度。如果缺少这个前提，军队数量越多，只能对人民群众压迫越重，而不能成为革命的火种。如果共产党的工作得力，反动军队里的任何军种的部队，都可以站到人民行列，调转枪口对敌。

### （三）“空军制胜论”的争论

反对杜黑理论的人最重要的理论结论，是杜黑的学说是“空军制胜论”。苏联的军事百科全书说，杜黑认为空军能“独自取得战争的胜利”。我国权威的《大百科全书·军事》卷的“空中战争论”词条释文指出：“一种认为空军可以独立进行战争并能单独决定战争结局的理论。也称空军制胜论。第一个系统阐述这种理论的，是意大利军事理论家杜黑……主张单靠空军就可以决定战争结局的理论是错误的。”“杜黑”词条说，杜黑认为“单靠空军轰炸就能取得胜利”。这些释文，显然是用了两个相互联系的直言三段论的演绎推理方法，得出似乎逻辑性很强的结论。即：

大前提　单独依靠空军制胜的理论是空军制胜论

小前提　杜黑理论是单独依靠空军制胜的理论

结　论　杜黑理论是空军制胜论

大前提　单靠空军制胜的理论是错误的

小前提　杜黑理论是单靠空军制胜的理论

结　论　杜黑理论是错误的

这样推论似乎无懈可击。两个推论的大前提基本上是能够成立的。因为通常情况下，大规模战争单独依靠空军取胜是很困难的，甚至是不太可能的，起码是难以圆满和干净利索达成目的的。这正是我们现在强调把立足点放在诸军兵种联合作战上的道理所在。然而推论中设置的小前提却是可疑的，甚至可以说是不合乎事实的。

这里需要首先澄清一点，杜黑说的空军能单独完成战争使命，并不是指在军队的编成中只需要空军，而不需要陆、海军；也不是唯独空军能单独完成战争使命，而陆、海军不能。恰恰相反，正是杜黑十分强调在统一指挥下，实行陆、海、空三军协同作战，他要求的是，统帅部对三军应给予同样的重视。这个问题在杜黑的著作中有多处阐述，从中可以看出他的以下观点。

第一，空军和陆、海军一样，在一定条件下，可以单独完成战争使命。杜黑在 1921 年的《制空权》中说："陆军虽然主要是一支地面军队，它也可以拥有在水上航行的作战手段以协助完成陆上作战任务。但这并不排除海军单独用自己的海上手段完成作战使命而完全不必要有陆军参加。同样，海军主要是一支海上部队，它可以拥有陆上作战手段，以协助海上作战任务。但这一事实并不排除陆军可以单独用自己的陆上手段完成作战使命而完全不依靠任何海上手段。依此类推，陆、海军都可以拥有空中手段以协助完成各自的陆、海作战任务。但并不排除这种可能性、现实性甚至必要性，即有一支空军能够单独用它自己的手段完成战争使命，完全不必要有陆、海军参与。"

第二，应集中物力财力重点发展作战效能高的空军。杜黑从应使"整体价值达到最大值"和"提高当前的效益"的原则出发，考虑到"空军的活动半径要大得多"，"空军必然将优于陆军和海军"，而当时意大利空军力量过小。"最善者必须是单数，从来不是复数"等情况和道理，强调国家资源和国防经费合理集中使用于空军的建设，而不采纳"平均化理论"。他大声疾呼："让我们集中我们的力量于空中吧！"

第三，杜黑没有抹杀陆、海军的作用。诚然，杜黑认为，“空中作战将是未来战争中最重要的因素，独立空军的重要性将迅速增大，而陆军和海军的重要性将相应减小”，他“把航空兵的重要性列在了第一位”。然而，承认“第一位”不等于只允许有第一位，而是在第二位、第三位存在的同时才可能有第一位。杜黑特别强调“在胜利的唯一因素”与“胜利的决定性因素”之间有重大差别，在法国摩洛哥战争中，航空兵不是唯一的因素，但却是获胜的决定性因素。杜黑从来不曾有取消陆、海军和抹杀陆、海军作用的意思。他强调“三军并立”“平起平坐”“协同作战”“给空军应得的重视”，是因为空军处于初创阶段力量弱小，而应给予更多的重视。正像M. A. 米尔斯泰因在评论这个问题时所说的：“他强调各军种为达成最终胜利而进行协同动作的必要性，换言之，他没有完全否定陆海军在未来战争中的作用”。这个评论是合乎实际的。例如，杜黑在1921年的《制空权》中说：“战争中使用陆、海、空军力量……应该充分协同和相互协调……为了国防利益，要求三个军种在最高当局领导下实行协同”。他还说：“我并不幻想陆、海军明天就被取消而只有空军在发展……目前我只要求给空军应得的重视（在意大利我们还差得很远）……逐步削减陆、海军部队，同时相应增强空军部队，直至空军增强到足以夺取制空权为止。”在1926年《制空权》再版时他又补充说：“这完全不是说，为了达到共同的最终目的，独立空军的行动不应与陆军和海军的行动协同……也不是说独立空军在任何情况下永远也不应当与陆、海军直接合作。”在1928年《未来战争的面貌》中说：“我并不想使我这些指出航空兵在未来战争中重要性的话被理解为降低陆军和海军的价值。我比别人都更一贯坚持，这三种武装力量构成一个不可分的整体，是一件三刃的战争兵器……它们都是必需的。”在1929年11月《扼要的重述》中，杜黑更进一步指出：“当我说空军是决定性的时候，我并不意味着说空军是胜利的唯一因素。如果那是我的观点，我会合乎逻辑地提倡取消陆军和海军”“三大军种……必须行动一致地奔向一个目的——取得胜利。”在该文的结尾，杜黑强调说：“新的战争学说应以诸军种合成使用为基础，在战时，领导这种合成使用的人应把各军种都看作是实现同一目标的一个整体的组成部分”，因此，“有必要（尤其在我们正处于过渡阶段中）培养一批总体战专家，因为他们才是建立新的战争学说的人物，也只有他们才能找出战备问题的答案来。”

从上述杜黑在十年内多本著作中的一贯观点，可以给我们以下启示：在评论他的空军能单独完成战争使命的观点时，不要断章取义，即不要只引用他的“一支空军能够单独用它自己的手段完成战争使命，完全不必有陆、海军参与”的话，而丢掉他前边说的一大段前提的话。如果那样推论，那么杜黑就不仅仅是一个空军制胜论者，而且同时也是陆军制胜论者和海军制胜论者，岂不滑稽。

也有人把杜黑的《19××年的战争》一书所描写的数天之内用轰炸机轰炸就取得胜利，作为判定杜黑理论是空军制胜论的根据。这里我们暂且不说杜黑的这部空战未来史的小册子所具有的在思路上发人深省的价值，因为认真研究起来，虽然杜黑没有、也不可能准确地预想到以后的武器发展和战争实际，但是几十年后的许多局部战争，却充分表现出杜黑所指出的双方有“深刻分歧的战争观念，信奉两种不同的军事学说”，因而战争实践与杜黑所描绘的十分相似。像海湾战争、科索沃战争等，就是这样。我们想强调的是，杜黑在这部书里，没有说明单靠空军取胜。他在描述注重使用空军进攻一方的“作战计划”时说：“简单说来，是在地面阻滞敌人的同时，在空中击败敌人。”杜黑在该书的导言中，也已经说明，他描述这场冲突的发展过程，主要是其中的航空兵部分，“对陆上和海上的事件将简短的叙述”。

综上所述，那种定论杜黑理论是“单靠空军轰炸就能赢得胜利”的说法，是站不住脚的。不管战争实践如何，“单靠”二字既不是杜黑生前的话，也不是杜黑的本意，是反对者加给他的。

此外，我们认为，杜黑的关于空军和陆、海军一样“能单独完成战争使命”的观点是有可能成立的。因为：

第一，空军能够用它独有的手段来从事战争行为。战争的军事目的是以武力制伏敌方，赢得胜利。为此，一是要使在战场上与己方交战或准备投入交战的敌人丧失战斗力；二是要瓦解敌国人民的士气，并使敌方战争资源和潜力枯竭，失去维持战争的基础。对于前者，空军和陆、海军一样，都可以用自己的手段显示压制、围歼、摧毁三种作战功能，而且空军在纵深遮断能力方面还有更大的优势；对于后者，则几乎是空军独有的优势。

因为现代战略空军活动的战场概念，已是敌国的战略全纵深甚至整个地球，而陆、海军的战场空间则受到一定限制。

第二，在规模较小的战争中，存在着空中战场一举决胜的可能。战争是一个外延十分宽泛的概念，仅从战争的规模看，它也包括世界性战争、地区性战争、两国间全面战争、局部战争等。战争理论和实践说明，要达成战争的政治目的，通常需要大规模的、持续时间较长的交战，而这种交战通常将依靠各军兵种协同作战方能取胜。但是无论过去和当代，都存在着单一军兵种决胜的战例。在冷兵器时代，成吉思汗依靠剽悍的骑兵，横扫亚欧大陆；在自由资本主义向帝国主义发展的时代，海洋是相对独立的战场，一些工业发达的、濒临海洋的军事强国，依靠海军通过海战和海上封锁，赢得了整个战争的胜利，这也就是马汉的“海权论”当时能为英、美当局接受的原因。同样，当空中成为相对独立的战场时，航空兵在一定条件下也可以一举决胜而达成战争的军事政治目的。也就是当今人们从第三次中东战争、美军空袭利比亚、海湾战争尤其是科索沃战争等战例出发，重视“外科手术”式空中战争和以空中作战为主达成战争目的的道理。这里值得特别强调的是，在空中力量高度发展的时代，陆上作战和海上作战在空间和时间上，是很少能独立于空中作战之外的。陆战场和海战场的上空，通常都是空中力量活动的空间，而且空中作战有可能完成海上和陆上作战要达成的目标。相反，空中战场却可能独立于陆、海战场之外。

第三，各军兵种在战争中可以起主导作用、决定性作用的地位是可能和可以变化的。任何军兵种，它在战争中所处的地位、所起的作用，并不是天赋的和不可改变的。关键在于它的作战效能、对战争的适应能力以及战争的需要。既然“不排除陆军可以单独用自己的陆上手段完成作战使命而完全不依靠任何海上手段”，也“不排除海军单独用自己的海上手段完成作战使命而完全不必要有陆军参加”，那么，当空军有足够强大的力量时，为什么就不可能单独用自己的手段完成作战使命呢？当大家都承认“空军的重要性将迅速增大”时，杜黑说“陆军和海军的重要性将相应减小”，这是很合乎数学方程和思维逻辑的。杜黑观点提出的背景，在很大程度上是针对一些人只承认航空兵是“用途有限的辅助武器”“辅助手段”而来的。杜黑对当时的这种官方观点，从内心发出强烈的反驳：不！航空兵不只是辅助手段，它可以完成战争使命。

需要看到的是，某些杜黑理论的反对者之所以抓住杜黑关于空军可以单独完成战争使命的观点不放，并斥之为“空军制胜论”，在很大程度上，是杜黑的理论触犯了和突破了当时的传统的、官方的军事理论。长期以来，苏联和我国在军事领域里，坚持“陆军主导”论和“步兵决胜”论。对于赫鲁晓夫当政以前的苏联和我国这样的陆地面积广大，军队以战略防御为主，其他军兵种尚未得到充分发展和显示出强大威力的情况下，这种理论的盛行和受倚重是当然的，无可非议的。舍此也难以完成夺取政权和巩固政权的任务。我军几十年进行的战争，主要是陆军打的；我们的胜利主要归功于有优良传统的、久经考验的步兵。在未来战争中，仍应高度重视陆军的重要作用。特别是在海湾战争、科索沃战争后，在新的“空军热”的情况下，我们的头脑不能发昏，对各军种在战争中的价值和作用必须进行科学分析，防止忽视陆军特别是陆军特种兵的重要作用和各军兵种协调发展。但是，随着战争及其特点的发展变化，在诸军种进行高立体、全纵深作战的条件下，以往轻视空军的观点显然是过时的，应该摒弃的。

苏联虽然名义上在十月革命初期建立红军的同时，就建立了空军，但前 30 年内，基本上没有把空军作为独立军种看待和使用，实际上只是陆、海军（主要是陆军）的辅助兵种。在苏军统帅部的第二次世界大战的官方文件中，凡是涉及空军的使用时，绝大部分场合都使用“航空兵”的术语，而不使用“空军”一词。在我国的军事学术中，在杜黑理论问题上，长期以来和苏联有十分相近的观点，或者是直接移用了苏军的学术观点。例如，20 世纪 50 年代我军最高学府的多本教材都认为、整个战争的结局主要是陆军决定的，航空兵不能独立取胜。有的领导机关在 1964 年印发全军的指示中指出，将来打仗主要还是靠步兵。

## 三、中国空军在新时期的发展

1999 年人民空军建立 50 周年之际，江泽民同志为空军题词：“为建设一支强大的现代化的攻防兼备的人民空军而奋斗。”从而使“攻防兼备”成为中央军委指导空军建设的方略。21 世纪初期，根据我国空军建设面临的客观情况与世界强国空军发展的趋势，人民空军根据中央军委新时期军事战略方针，确立了“空天一体，攻防兼备”战略，进一步明确了空军战略的核心内容，空军战略研究取得了重大创新和突破。“空天一体，攻防兼备”战略确立，标志人民空军确立了新的发展方向，进入了由国土防空型向攻防兼备型、由航空型向空天一体型转型建设的新时期。

加强空中进攻力量建设，逐步实现由国土防空型空军向攻防兼备型空军的转变。依靠攻势作战夺取空天优势，是信息化条件下空军运用的主导原则，注重以进攻赢得战争的主动和胜利，是人民空军未来发展建设的一个重要指导思想。着眼未来战争的需要，人民空军建设以“攻防兼备”为其在当前及今后一个时期内的发展战略和目标，加强空中进攻力量和配套系统建设，调整兵力结构，改善武器装备，加速主战武器装备更新换代，强化军事训练，改进指挥手段，完善战场体系，全面提高部队素质，加速实现向攻防兼备型转变这一战略目标，把人民空军建设成为精锐、管用的空天监视、空中进攻和国土防空力量。

加强航天力量建设，逐步实现空军由航空型向空天一体型、由机械化向信息化的转变。20 世纪末 21 世纪初相继发生的海湾战争、波黑战争、科索沃战争、阿富汗战争和伊拉克战争等高技术局部战争，空天化、信息化特征充分显露，表现出与工业化时代机械化战争的不同特征：诸军种联合作战，陆、海、空、天、电五维战场一体化；空天战场主导，空天力量首先使用，空天作战活动贯穿始终，信息与火力交联并向信息战的高级阶段发展；空天战场成为获取信息的主要空间，投送火力的主要场所和指挥通信的主要场所。因此，空天战场规定了战争的主要形式和内容，左右战争的进程，决定战争的结局。局部战争的实践，又推进了世界新军事变革，促使各国高度重视军队的质量建设，压缩规模，优化结构，发展理论，并继续重点发展空军和其他先进军事科技手段与力量。以美国为代表的强国空军纷纷确立了空天一体的发展方向。人民空军认为，航空战场与航天战场是无缝衔接的一体化战场，空军是航空力量与航天力量无缝衔接的一体化军种，向航空航天型空军发展是人民空军未来的发展方向。作为世界大国的空军，当前，应顺应世界军事变革的潮流，汲取军事强国空军向航空航天型发展的先进经验，有计划地重点发展航天力量，逐步推进空军建设的空天一体化进程，最终实现由航空型向航空航天型空军的转型，由机械化向信息化的转变。

## （一）人民空军在新时期建设的基本规律

空军建设的基本规律是客观存在的，是由决定空军建设与发展的诸因素互相联系、互相制约的客观过程。这些因素主要包括：空军的性质、使命、任务；国家安全环境；国民经济的发展；科学技术的水平及军事战略方针等。这些因素与空军现状的联系和制约，从总体上决定着空军建设与发展的基本趋势和方向，也规定了空军建设必须遵循的规律性内容。

空军的本质与基本属性决定空军建设的方向。空军的本质，是指空军所固有的、决定空军性质、面貌和发展的根本属性，是区别于其他军种的标志。空军的本质是通过属性表现的，属性是空军本质的外在表现，使得空军表现出与其他军种不同的特点。人民空军认为，空军是以航空航天武器为主要装备，以空天为主要战场，联合其他军种或独立完成国家军事斗争使命的战略军种。空军的特点是运动速度快，机动性强，活动范围广，既能猛烈突击，又能精确打击，行动可控性强，可以在军事斗争的各个领域发挥作用。空军的本质和基本属性对空军建设具有长期性和决定性影响。其长期的影响主要表现在它规定了空军长远建设的基本内容，即不断采用最新的科学技术，努力提高空军的现代化水平。其在空军建设中的决定性作用主要表现在两个方面：一是决定空军建设模式、长远目标；二是对影响空军建设的其他因素产生影响，即其他因素对空军建设的影响都只有在不能违背空军的本质与基本属性的基础上发挥作用。空军的本质和基本属性对空军建设提出的基本要求：建设独立的空军；建设攻防兼备的战略空军；建设能够快速机动、远程作战的空军；建设长于进攻，具有强大的火力与电子信息攻击能力的空军；建设多功能的、在军事所有领域发挥作用的空军，能够联合其他军种或独立达成国家军事斗争目标的空军。

国家空中安全环境、军事战略和空军任务决定空军中短期建设的重点。国家空中安全环境、军事战略及空军作战任务，确定了空军未来一定时期内进行军事斗争的基本内容、要达到的基本目标及军事斗争准备的重点内容，也就决定了一定时期内空军建设的重点内容和步骤。新的历史时期，世界向着多极化方向发展，和平与发展成为世界前进的两大主题，我国周边安全环境改善。但军事斗争的主要任务依然是防止国家分裂，维护国家领土主权完整统一，要求空军主要以攻势行动完成使命与任务。因此，重点发展进攻性力量，建设一支攻防兼备型空军，就成为当前及未来一定时期内空军建设的主要内容。与空军的本质和基本属性对空军建设的影响相比，空中安全环境、军事战略和空军任务是影响空军建设的外部因素，因此，对空军建设的影响只是阶段性的。

空军建设必须以国家的科技和经济实力为基础。建设一支强大的空军，是需要强大的经济实力与先进的科学技术支撑的。在第二次世界大战中，美国依靠强大的经济实力与先进的科学技术，生产了 30 万架飞机，年最高生产飞机 7 万架，几乎占世界生产飞机数量的一半。中华人民共和国成立初期，由于还没有摆脱战乱的阴影，经济基础薄弱，生产力水平低，航空工业还是空白，为了缓解抗美援朝对国家财政的压力，不得不发动人民群众捐款购买飞机装备志愿军空军。高技术时代，由于军用飞机大量采用先进技术，在飞机战术技术性能大幅度提高的同时，成本也相应提高。美国的第三代作战飞机成本达到数千万美元，价格最高的 B－2 隐身轰炸机每架达到 20 多亿美元。我国国产歼击机成本也由第一代的百万元级人民币、第二代千万元级人民币，提高到第三代亿元的水平。对于如此昂贵的武器装备，没有强大的经济与科技实力是装备不起的。因此，经济与科技实力是空军建设的经济基础，将对空军建设的规模、武器装备与兵力结构和空军的现代化水平起到决定作用。

空军建设必须与全军建设相协调，注意学习世界各国空军建设的先进经验。空军是军队的军种之一，空军的建设也必然是军队与国防建设的一个有机组成部分。军队与国防建设的总体规划，是在一定时期内国家对军事能力发展的总体设想，包括对国家安全环境的科学判断，军事斗争的任务与目标，军队与国防建设发展的目标、重点、步骤，各军种的发展及其相互关系与要求，军队与国防建设资源的使用与分配等。作为军队与国防建设重要组成部分的空军，只有深刻认识军队与国防建设的全局和空军在军队与国防建设中的地位，自觉坚持以军队与国防建设的总体规划为指导进行建设，保持与其他军种协调发展，才能取得好的建设成果。

世界各国空军作为一个性质相同的战略军种，其建设发展的基本规律具有相同性。一个国家空军，特别是人民空军的建设发展，应该学习其他国家空军建设的长处，特别注意吸收西方强国空军建设的有益经验。这是因为，世界强国空军现代化水平高，其发展在一定程度上代表了空军的发展趋势。人民空军相对年轻，受多种条件制约发展相对滞后，但中国又是一个世界大国，正在向世界强国发展，人民空军只有注意学习世界强国空军建设的先进经验，才有可能缩小与其差距，也才有可能建设成与国家地位相称的空军。

空军建设必须以军事理论为先导。军事理论是空军实践经验的结晶，对空军建设具有重要的指导作用。第一次世界大战结束后，意大利军事理论家杜黑创造性地提出了制空权理论，对空军建设与第二次世界大战中空中力量的战略运用产生了深刻影响。至今，制空权理论仍然是指导空军建设与运用的经典理论。空军建设必须以军事理论为先导。因此，在空军建设中，要将空军军事理论的建设放在突出地位。

## （二）人民空军在新时期建设的基本原则

空军建设的基本原则是空军建设必须遵循的准则。为了加快人民空军发展，人民空军在建设中遵循了下列指导原则。

1. 注重质量

注重质量是指在空军现代化建设中，要把质量建设放到核心位置。人民空军建设的目标是为了不断适应战争环境，打赢高技术条件下的局部战争，完成空军的使命与作战任务，保卫国家利益。21 世纪，空军战斗力强弱，不仅取决于规模大小，而且取决于质量高低。现代战争特别是高技术战争条件下，规模要素在空军战斗力构成中所占比重相对降低，质量要素所占比重越来越高。以海湾战争、科索沃战争为代表的高技术条件下局部战争表明，空军的数量优势已经难以弥补质量差距，质量已经成为衡量空军战斗力水平高低的基本要素。因此，空军建设一定要实现从数量规模型向质量效能型，从人力密集型向科技密集型的两个根本转变。质量建设的主要内容，主要有武器装备、组织结构、教育训练、人员素质、军事理论以及法规等等。

2. 规模适度

规模适度是指在空军的现代化建设中，要把规模控制在与军事斗争需要及国家经济发展水平相适应的程度。尤其是在和平与发展已经成为当今世界的两大主题，我国周边空中安全环境总体改善，国家正在集中力量进行大规模经济建设的情况下，空军的规模更要控制在基本满足军事斗争需要、国家经济能够负担的水平上。在决定空军的建设规模时，通常要考虑以下因素：经济能力、科技水平、安全环境与作战需求、军队建设资金分配等。其中，经济水平是决定空军规模的物质要素，安全环境是决定空军规模的需求要素，他们是决定空军建设规模要考虑的基本要素。今后一个时期，提高质量，压缩规模，是人民空军建设应当遵循的重要原则。空军的规模，既能保证完成中央军委赋予空军的使命与作战任务，又不至于给国家经济造成沉重负担。

3. 科技强军

科技强军是指在空军现代化建设中，要把提高科技含量放到首要位置。空军是个科技密集型军种，科学技术是支持空军不断发展的支柱。科学技术不但为空军建设直接提供更先进的技术支持，而且，科学技术还通过对经济发展的促进为空军的建设间接提供更多的物力支持。科学技术在提高空军战斗力中所起的作用是十分明显的。从单架作战飞机的效能看，21 世纪初期的战斗机已经比二战时期提高数十倍甚至百倍以上，这完全是不断采用新技术的结果。因此，科学技术已经成为推动空军战斗力和现代化水平提高的第一要素。与西方强国空军相比，人民空军现代化水平还存在一定差距，主战武器装备、指战员素质、训练水平、体制编制等甚至存在着“代差”。因此，在空军建设中，必须增强科技意识，提高贯彻科技强军原则的自觉性。现代条件特别是高技术条件下的局部战争，对空军的科技素质提出了更高的要求，只有走科技强军之路，通过不断提高空军战斗力构成要素中的科学技术含量，才能不断缩小与西方强国空军的差距，最终建设成为一支能够适应未来高技术战争空天战场环境、永远立足于不败之地的强大的空军。

4. 优化结构

优化结构是指在空军现代化建设中，要科学确定空军的各种武器装备及与之相应的力量的构成比例，使空军内部结构合理。人民空军是由歼击机、强击机、轰炸机、侦察机、运输机等航空兵和空降兵、地空导弹兵、高射炮兵、雷达兵、通信兵、电子对抗兵、防化兵等十多个兵种构成。空军力量又可以分为空中突击、空战、对空作战、空降作战、电子信息作战、空中运输等多个作战系统。随着科学技术的发展和在空天武器装备中的应用，空军新的作战力量还在不断生成，如随着空中加油机、预警指挥机、军事卫星的大量装备与运用，都将形成相应的力量。各个兵种和作战系统，构成了纵横交错的关系，不但缺一不可，而且必须科学合理搭配，才能在各种作战环境中形成必要的作战能力，完成各种任务。如果各个兵种、各种力量缺此少彼，或者此长彼短，势必造成空军某种作战能力的不足或短缺，最终造成空军军事运用功能不全，不能在高技术条件下局部战争的各个领域全功能地发挥作用和全面履行使命的局面。因此，从结构的角度，结构失调是空军资源的最大浪费；结构合理形成的合力，才是空军的最大战斗力。随着武器与力量的发展，不断优化空军的内部结构，使空军的兵种保持齐全，数量比例合理，各种武器装备型号配套，就成为空军建设的重要课题。

5. 体系对抗

体系对抗是指空军在作战行动中，按统一意图，科学配置和合理编组作战系统，密切协同其他军兵种力量，充分利用所有作战资源，以形成一体化的作战体系去与敌实施对抗。体系对抗是空军作战力量发展及作战行动演化的必然趋势。空中力量的发展，经历了由从属性支援保障力量到独立性支援保障作战力量、再到战略性决战力量的转变。在这一过程中，空军已由简单的力量结构逐渐发展成为构成复杂、功能齐全的综合作战体系。近百年的空中作战活动，经历了单机对抗、编队对抗、单机种机群对抗、多机种机群对抗、军种内多兵种形成的作战系统对抗。现代空军作战，正在进入军兵种和多种武器系统之间的整体对抗。“体系对抗”原则包含着两方面内容；一是必须从双方作战系统及体系的角度来全面衡量敌对双方的作战能力；二是要从整个作战体系的性质与功能角度考虑各个分系统的性质及结构。在未来信息化战争条件下，要真正做到体系对抗，就必须注意以下三点：第一，整体作战，谋求对敌综合优势。体系对抗的目的就在于谋求综合优势，充分发挥和保持己方的各项优势所在，阻止敌方发挥优势，以己之长，击敌之短。当前，谋求信息优势和空天优势是体系对抗的重心所在。第二，内部协同，形成一体化作战力量。需要建立整体作战观念，上下一条心，全局一盘棋，使整个作战体系内的各种武器系统形成密不可分的作战整体。其中，以信息技术为核心的 $C^4$ISR 系统是各种武器系统形成合力的黏合剂。第三，外部联合，创造有利态势。要建立信息共享、优势互补、联合作战的观念，在还未能形成有效的新编制体制的条件下，先着眼解决应用问题，积极主动地去争取和利用包括在政治、外交等方面可供作战使用的资源。

6. 空天一体

空天一体作战是指基于航空航天力量一体化的作战行动。其形成和发展的过程，充分反映了现代空军发展的客观规律。空天一体作战原则是21世纪人民空军必须确立的作战原则，主要源于以下三点：一是航空空间和航天空间是无缝衔接、密不可分的。虽然航空空间和航天空间的使用应遵循完全不同的物理定律，但航空空间与航天空间的环境差异并不导致航空航天力量在其间的分开使用。对于空军而言，航空航天领域是不可分割、无缝衔接的作战环境。虽然由于技术水平的限制，目前在38～120千米高度的空间，还是航空、航天器活动的“空白区”，但一旦能跨大气层遂行战斗任务的空天飞机研制成功，这一“空白区”就将不复存在。正因如此，全面追求空天一体作战能力，夺取和保持全面空天优势，已成为21世纪空军的首要任务。目前，美、俄在战略上都十分强调空天一体的观念。美国空军在《2020空军构想》中指出；“空军是一体化的航空航天部队。空军的活动领域是无缝的，从地球表面一直延展到外层空间。”美国驻欧空军司令约翰·詹布尔上将在1999年就指出：“航空领域和航天领域无论有多么大的差异都无关紧要，重要的是在战场上达成所需要的作战效果。无论是武器、通信还是信息，只要能发挥正确作用，一线的战士们不在乎这种作用来自何方。”俄军在新颁布的军事学说中，明确提出要树立统一的空天战略思想，提出应建立统一的空天防御体系，将各军兵种防空兵力和兵器有机地结合在一起，全面考虑空天战场建设的协调发展。因此，尽管空军不应也不可能垄断航天资源，但作为以航空空间和航天空间为一体化作战环境的空军，始终应是关注航空航天领域的首要军种。

二是军事航空力量和航天力量是功能互补、密不可分的。航天空间具有高边疆、无国界的特点，是人类活动的最新制高点，在信息获取和传输方面，比航空空间更有优势，能为空中作战提供最有效的支援；而航空力量具有远程奔袭、猛烈突击和机动灵活的特点，可将来自航天力量的信息支援直接转化为战斗力。随着航空航天技术的不断进步，作战行动中军事航空力量和航天力量的相互支援和相互配合已成为现实。在阿富汗战争中，航空航天侦察监视手段在美军的情报侦察方面发挥了主导作用。战争中，美军共使用了包括成像卫星、电子侦察卫星和海洋监视卫星、军用通信卫星等94颗军用卫星，U－2，RC－135，EP－3，PR－9电子侦察飞机以及E－3，E－8等兼负电子侦察任务的预警机共计40余架，其情报来源的绝大部分都是依靠航空航天侦察监视手段获得的；美军新型的卫星制导弹药——“联合直接攻击弹药”（JDAM），实质就是一种航天信息支援下的航空攻击弹药，在科索沃战争中的使用量为560枚，且仅能由B－2A型飞机投掷。在阿富汗战争中，截至2002年2月，“联合直接攻击弹药”的使用量已多达5 000枚，载机扩大为B－2A，B－1B，B－52，F－15E，F－16，F－14等。由于这类弹药可不受天气影响全天候使用，不仅可打击固定目标，而且可用于攻击地面移动目标，比激光制导炸弹更可靠。因此，“联合直接攻击弹药”已被美空军列为实施精确打击的主要弹种之一。

三是空军的作战行动与对航天空间的控制和利用已密不可分。现阶段的空天一体主要体现在以信息为纽带的航空与航天的结合。在信息化战争形态中，诸如情报、监视与侦察、预警、定位、制导、通信和环境监测等许多重要职能正在逐步进入航天空间，在陆地、海洋和航空空间展开的军事行动都与对航天空间的控制和利用密不可分。对航天空间的控制和利用已经对包括空军在内的各军兵种的作战行动起到效能倍增作用并展现出广阔的应用前景。如果没有航天空间技术的支持，美军将丧失50%～80%的战斗力。在各军兵种中，空军是最早得到航天力量支援的军种。在海湾战争中，美空军作战飞机在发现和摧毁伊拉克移动式“飞毛腿”导弹发射装置的战斗中，就首先在实战中利用了航天侦察与监视卫星的支援；航空员是与航天力量联系最为紧密的兵种，同样以垂直空间为活动环境使二者同样具备居高临下、视野广阔、机动灵活和便于使用的天然属性；航空员还是最需要得到航天力量支援的兵种，其作战行动特别需要来自航天空间的信息支援和保障。正如空中力量发展早期首先用于支援地面作战一样，目前航天力量的使用也是以支援航空力量的使用为主要目的。

空天一体作战是军事航空和航天力量在航空和航天空间实施的一体化作战行动，其具体内容几乎涉及空军作战的所有方面。其主要内容包括空天一体的战场态势感知、空天一体的远程精确打击、空天一体的战场空间防御、空天一体的作战指挥控制、空天一体的作战力量编组等方面。空天一体战的发展将经历两个阶段；以空天信息共享，一体化态势感知为核心，航空火力打击为主体的一体化初级阶段；以空天力量体系化为核心，空天联合打击为主体的一体化高级阶段。目前，空天一体战仍处在发展的第一阶段，这一阶段主要是航天信息支援下的航空作战行动，航空空间是敌我双方力量对抗的重心所在，空军将担负繁重的作战任务，是实施对抗的主体力量。人民空军也必须坚持空天一体作战原则，应将打造空军空天一体作战能力作为空军军事斗争准备的战略目标。这首先是军事斗争准备客观现实的需要，空天一体战已成为现代战争的重要作战样式，非对称空天一体战是超级大国谋求利益、推行霸权主义的主要手段。20 世纪 90 年代以后的局部战争，表面上看是以空中打击为主的战争，实际上都是航空与航天力量紧密结合进行的空天一体战。未来信息化局部战争中，仅靠单一的航空力量，或不能充分利用航天资源的航空力量，是不可能战胜航空航天高度一体化的作战力量的；另一方面，这也是人民空军自身发展的需要。人民空军在陆军的基础上组建，在半个世纪的发展过程中由小到大，由弱到强，始终以贯彻军委战略方针，捍卫国家主权，保卫国家权益使命为核心目标。为使人民空军作战能力与 21 世纪我国的国际地位和战略安全环境相匹配，确立空军作战能力的远景发展必须要高瞻远瞩，走在世界空军发展的前列。

# 第八章　杜黑军事技术思想的现实指导意义

作为新的军事学说的先驱者，杜黑能够在20世纪20年代初就预见到未来战争性质的巨大变化，首先提出一套比较系统的空中战争和制空权理论，不仅从战略高度来研究空军，而且对建设空军提出一系列颇有见地的主张。这些思想、办法有许多过去曾经起过作用，为世界许多国家建设空军所借鉴，而且至今仍有其学术价值和实用价值，在空军学术思想史上占有重要地位。

研究杜黑军事技术思想就是要明确，一方面，杜黑军事技术思想阐述了军事革命的原动力来自技术革命（包括军事技术革命），技术革命又进一步完善军事革命，离开技术革命，军事革命就成为无源之水，因此推进有中国特色的军事变革就必须要大力发展军事技术；另一方面，杜黑的军事技术思想促进了航空技术的发展，彰显了军事理论的导向作用，所以它又引导我们在新时期要加强军事理论创新。

## 一、杜黑军事技术思想对大力发展我国的军事技术具有指导意义

自近代以来，缺乏技术一直制约着中国推进军事变革的步伐，所以我们在新时期推进中国军事变革中要大力发展军事技术。而早在20世纪20年代，杜黑就为意大利军事航空技术的发展提出了寓军于民、军民一体化的国防政策，这对我们今天仍有重要的借鉴意义。

### （一）缺乏技术制约着中国推进军事变革的步伐

中国自近代洋务运动建立起来的清朝海军、各地军阀建立起来的空军

相继遭到失败，以及我们在今天推进军事变革所遇到的军事技术尤其是海空军技术落后，都说明了缺乏技术是制约中国推进军事变革的主要因素。

清朝统治者在经历鸦片战争后，感到传统的陆权主义受到西方海权主义的强有力挑战，决定进行军事革命，发展海军技术。经过洋务运动的发展和经营，终于建立了三支海军舰队，但由于自身技术落后，装备主要从德国和英国购入。在装备技术方面，通过多年发展，只建立了一家从事船舶修造的企业——马尾船政局，因此，海军先天不足，后天营养不良，注定清王朝发展海军的动力不足，致使北洋舰队在甲午战争中全军覆没。从此以后，中国又重新退回到陆权主义。从某种程度上说，中国的军事变革又倒退了一步。

20 世纪 20 年代，意大利的杜黑、美国的米切尔提出了“制空权”理论，英国的富勒、利德尔·哈特、法国的埃蒂安纳和戴高乐等人相继提出了“机械化战争”的理论，并预言下一场战争的样式将是空地协同的机械化战争。当时的中国对这些军事变革新思潮迅速作出反应，在军事变革方面甚至比这些人所在国反应更快。1913 年春，袁世凯采纳军事顾问白理苏的建议，创办了中国第一所航空学校——南苑航空学校，为建设空军培养人才。这比 1916 年日本开办的第一所民间飞行学校早三年，比 1919 年日本政府创办的第一所军事航空学校——所泽陆军航空学校早了将近六年。军阀混战期间，唐继尧创办云南航空学校，四川刘湘、刘文辉，东北张作霖，广西李宗仁等政治军事集团为问鼎中原而建立起空军，1925 年广东国民革命政府在苏联帮助下也建立了空军。1914 年，中国正式定编了直属海军部的海军陆战队。1918 年，当时的中国海军部在福州创办海军飞潜学校，为建立海军航空兵和潜艇兵这两个新兵种选育人才。20 年代初期，上海商务印书馆的《东方杂志》就详细介绍过西方的机械化战争思想。[56]26-31

但中国缺乏应有的技术和工业体系，无力为这些新式军队提供技术支持和装备。这主要是因为，一方面，西方国家对中国实行武器禁运，从 1919 到 1929 年，禁止向中国出售包括飞机、火炮甚至步枪在内的绝大多数军事装备，只有手枪例外，以至 20 世纪 20 至 30 年代，中国各路军阀的手枪部队畸形膨胀；另一方面，中国缺乏技术和工业，根本没有能力制造飞机、坦克等武器装备。这导致中国军队不能正常发育成长。

在这种情况下，本国无力制造武器装备，从国外市场上又买不到，使得具有前瞻思想的军事理论家谈论的军事变革在中国成为纸上谈兵。各派军事集团虽然通过各种渠道弄到零星装备，试验新军事革命，但其主要目的是为了取得内战的胜利。各派军事集团相互斗争，不仅消耗了进行军事变革可以利用的些许技术装备，而且严重阻碍了为军事革命提供技术和物质支撑的技术和工业的发展。到 1931 年“九·一八事变”时，中国自洋务运动以来所积蓄的近代化国防力量几乎消耗殆尽，中国军队在第二次世界大战中的武器装备和作战水准基本上还处于欧洲 1918 年左右的水准。在日本发动全面侵华战争之时，由于缺乏军事技术装备（尤其是重型武器装备）的军工体系支撑，只拥有少量的空军和机械化部队的中国军队在正面战场节节败退。

中华人民共和国成立后，引领军事革命的技术及其工业逐渐得以改观。中国以前所未有的积极姿态投身由原子能技术引起的军事革命的洪流之中，先后成功研制了原子弹、导弹等武器装备。尽管在一定时期内，拥有了设计并生产飞机、坦克、军舰、原子武器等重型装备的技术，建立起比较完善的军工体系和科研体系，但横向比较，我们的技术尤其是海空军技术比较落后，海空军发展遇到“技术瓶颈”。我们的军事理论界提出的新军事理论，由于军队缺乏应有的军事装备，还无法依靠军队的演练来验证其有效性并加以改进，使军事理论缺乏相应技术的土壤，必定难以“开花结果”。杜黑早就告诉我们，至于空战队应是什么样，只有实际经验才能向我们提供足够的资料来确定空战队适当组织的具体细节，即，飞机数、队形和战术，因为军事学说从来不是根据原则而是根据事实来的。

这就要求我们在推进中国军事变革时，必须大力发展军事技术。在如何发展军事技术方面，曾经有两种观点，一种是购买国外先进的武器装备，这种想法实践证明并不可行，因为军火贸易只能解决“有”与“无”的矛盾，并不能从根本上带来军事技术的质的进步。在国际政治斗争中，国防技术关系到国家安全，是十分重要和敏感的领域，一些尖端国防科技，我们是买不来的，幻想通过从国外进口来实现军事革命是根本不现实的。依靠别人是不能进行具有中国特色的军事变革的，是永远建设不了一支强大的国防力量的。一种是通过“市场换技术”，这种想法实践证明不符实际，转移到国内的外国技术，不是外国淘汰的技术，就是二、三流技术，即使外国把最先进技术转移到国内，我们也不一定学得到。因为现代武器越来越复杂，是系统的集成，仿制生产几乎不可能。在这种情况下，我们联想到杜黑曾经为意大利航空技术的发展主张发展民用航空技术来促进军用航空的发展，用技术来促进军事革命，也就是杜黑提出的寓军于民、军民一体化的国防工业政策。

## （二）贯彻寓军于民、军民一体化的国防工业政策

在西方著名军事理论家中，杜黑的过人之处就在于他较早地提出了寓军于民、军民一体化的国防工业政策。其他的军事理论家们基本上都是就军事论军事，例如：克劳塞维茨主要从军事哲学的观点论述战争的攻防问题，主张战争是政治的继续，等等；海权论的提出者马汉，虽然提出了发展强大的商船队作为海军的辅助，但他仅仅把商船队看成是海军的辅助力量，却没有从战略高度来论述海军与商船队之间的相互补充作用，以商船技术促进海军技术发展的重大意义。

杜黑在论述军事技术促进军事变革和完善军事变革的同时，也论述了军用与民用航空之间的关系，认为发展民用航空对于军用航空有着巨大的潜在和实际价值。他认为通过适当的改造，民用航空可以迅速转化为军用，可以为军用航空节省大量经费。因此，他主张“组织一支在需要时能够立即改造为强大的军用航空的强大的民用航空，而使前者在和平时期缩减为一个用于训练和指挥的架子部队”，[12]132呼吁意大利应当加快和尽力做到“组建一支在国家需要时能改为强大的军用空中力量的民航”，[12]131因为即使不考虑其他，事实上地球上没有一个国家富裕到能保持一支随时可以出动的充分的军事航空力量。一切国家不论贫富，都不得不需要将它的民用航空力量用于军事目的。

可以说，是杜黑最早提出了寓军于民、军民一体化的国防政策。对于如何处理国防建设与经济发展的关系，他明确提出国家应将大笔国防经费用于进一步发展和平时期的民用航空。一个国家既要维持一个单独的民用工业，又要维持一个单独的国防工业，民用工业与军用工业单独自成体系，长久下去国家财力肯定吃不消。杜黑在近一个世纪前告诫世人，军事家必

须了解国家的经济潜力有多大……国家必须先生活，而后武装。否则，那就等于把死人塞进一套重盔甲里一样，即使盔甲是用最坚硬的钢做成的，对那个人也无济于事。[12]80-98他主张大力发展民用航空以此促进军用航空的发展，它提供一个机会使它能在一个重大工业部门大显身手。它构成了政治力量、国家财富、军事安全的一种手段。

杜黑在《制空权》中只是笼统地考虑了国防建设与经济发展之间的关系，并没给出具体的策略。经过长期实践，美国基本上找到了国防建设与经济发展之间的和谐关系。这个方法就是寓军于民、军民一体化，国防建设始终贯彻产学研相结合的方针，形成防务—科学—工业联盟的布局，把国防技术转化为民用，促进经济发展。用寓军于民、军民一体化的政策来节省国防费用，达到既减轻负担又能推进军事革命与技术发展和经济发展的目的。在世界上，军用技术转化为民用，促进民用技术的发展，进而促进经济的全面发展，只有美国做得最成功。这主要得益于美国产学研的结合。当年苏联的科学技术本可以与美国相抗衡，但是关键性的弱点是军民相脱离，军事技术研发生产主要由军方自己承担，与地方大学、地方企业几乎没有什么联系。这样先进的军事技术不能转为民用技术，也就不能促进经济的发展，导致苏联国民经济严重失衡，在与美国的军备竞赛中被拖死了。

## （三）发展作战效能高的空军

杜黑从整体价值和效益原则出发，强调集中物力财力，重点发展作战效能高的空军。他反对平均化理论，呼吁“让我们集中我们的力量于空中吧！”[12]

我国空军是后起的年轻军种，起点低，基础差，而在各个历史时期又都面临着强大敌人和艰巨任务的严峻挑战。我们对于空军的建设，一直实行优先、重点和快速发展的方针。毛泽东在做出筹建人民空军的战略决策时，急切地要求赶快建立空军，迅速加强空军力量。邓小平指出：装备也有轻重缓急，首先要搞的还是空军。江泽民则把进一步加强空军的建设，增强空军的作战能力，作为军队建设的当务之急。我们在加强空军建设方面，主要采取了资金向空军倾斜、科研和工业发展向空军和航空工业倾斜、谋划空军及其武器装备的长远发展等措施。[57]10-13在新军事变革时期，我们深刻意识到空军在未来战争中的重要地位，大力加强空中力量的建设，实现了空军的跨越式发展，并取得了举世瞩目的成绩，歼-10等先进的武器装备已经列装部队、载人航天技术的发展也取得了重大突破。[58]但我们也必须清醒地看到我们距离世界军事强国的空中力量还有不小的差距，我们还必须大力发展包括空中力量在内的军事技术，同时我们也必须注意到先进军事理论对军事技术的导向作用。

## 二、杜黑军事技术思想对加强我国的军事理论创新具有指导意义

从杜黑军事技术思想促进了航空技术的发展中，我们可以看出军事理论对军事技术的导向作用、牵引作用逐步彰显。所以，在推进新军事变革的今天，我们在大力发展军事技术的同时，必须重视军事理论的重要性。二十一世纪是现代科技与军事互动变革的新世纪，科学技术迅猛发展及其在作战领域的广泛应用，对当代军事理论研究产生了全面而深刻的影响。今天，我们加强军事理论创新必须增强对技术的理解能力，培养“技术支撑型”的理论人才。

### （一）重道轻器是16世纪以来我国军事理论落后的重要原因

大致在16世纪之前，我国的军事理论在世界上是处于领先地位的。如早在春秋时期，世所公认的军事理论名著《孙子兵法》就已问世。到了战国，又出现了一大批兵书，从而形成了比较完整的中国古典军事理论体系。而在西方，这时还没有一部像样的军事理论著作出现。到16世纪初，我国的军事理论在世界上仍不算落后，戚继光、徐光启等人的军事著述还具有相当的先进性。但此后我国的军事理论逐渐落后于西方，而且双方的差距越来越大。16世纪以来，西方随着《论军事艺术》《战争原理》《制胜的科学》《战争论》《战争艺术概论》《海权对历史的影响》《制空权》等著作的问世，逐步形成了比较先进的近代军事理论体系。而这时的我国，人们还对《武经七书》注来注去、编来编去，对世界近代战争理论所知甚少，对

冷热兵器并用时代的到来反应迟钝，清朝的统治者甚至还在强调以骑射为本。过去人们多把中国在近代抵抗列强战争中屡战屡败的原因归之于双方军事技术上的差距，这并不全面，军事理论上的差距应是另一个极为重要的原因。[59]150－154

重道轻器、重玄轻用的传统观念，抽掉了使军事理论不断升级的厚重基石。中国历史上重道轻器的观念严重，在军事上表现为重谋略，轻技术。所谓“半部《论语》治天下”和“《文选》烂，秀才半”云云，科举只考“四书五经”，不考科技，人们重义轻利，以道德而不是以物质作价值评判标准。[19]14－15这种全民性的教育偏失和体制性的利益导向，使古人重道轻器的观念根深蒂固。西方重视自然科学，将仿生学等成果多用于科学理论研究和技术开发，奖励物质创造。而中国大讲“天人合一”，则将观察和研究自然得出的哲理多用于军事谋略、政治权术、社会管理和处世之道。中国传统思维习惯于由天道而直接推及人道，而西方则注意天道与人道的区别，从而形成了中西思维方式的一个重要差别。

国人重道轻器还有一种表现就是对理论重玄轻用，认为理论越高越好，话说得越玄水平越高。克劳塞维茨主张不能让理论的枝叶和花朵长得太高，而要使它们接近经验，即接近它们固有的土壤，这值得我们思考。日本就比较重视应用理论的研究和开发。宋代施子美的《七书讲义》、清代魏源的《海国图志》等应用性比较强的图书，在中国流传不广甚至失传，但在日本却广为传播，很受重视。中国古人这种重道轻器、重玄轻用的观念是制约我国科学技术和军事理论发展的重要原因。要想改变这种重道轻器、重玄轻用的观念我们必须增强对技术的理解力。

### （二）增强技术的理解能力

所谓技术理解能力，简单地说，就是能够懂得、明白和感悟技术中所显现和蕴含的全部意义。对技术的不同理解和感悟所产生的不同效用，不但导致完全不同的应用和发展方向，其结局也大相径庭。如中国古代火器刚出现时，就出现了两种极端的错误看法：一是视之为“奇技淫巧”，予以公开的压制打击；一是大搞神秘化，将之引向歧途。如明末兵学家焦勖在《火攻挈要》中所说，当时许多讲火器的书“索奇觅异，巧立名色，徒炫耳目，罕资实用”。[60]然而我们没有想到火药经阿拉伯传入欧洲后，被装入枪筒推动弹丸射杀对方，热兵器由此诞生并开始大规模取代冷兵器，世界第一轮军事革命也由此发生。再比如罗盘也是我们中国人的发明，但我们发明罗盘是为了看风水，为了判明何处好建屋、何处好修墓。我们同样没有想到，欧洲人把我们发明的罗盘装到他们的船上去扬帆远航，先探索世界，然后征服世界。当然这其中还包含有其他很多因素，但对同一技术完全不同的理解和运用所产生的巨大差异也是显而易见的。

杜黑对飞机技术的理解力。1903 年莱特兄弟成功进行首次有动力飞行，今天看来是伟大的创举，当时却也被不少围观者耻笑：费那么大劲糊的飞行器像个空中书架，晃悠几十米就掉下来摔烂，还不可笑吗？当时没有多少人理解这一技术的巨大含义，没有多少人意识到一种新的军事利器即将出现，延续几千年的平面作战从此将走向立体。然而，飞机刚刚问世六年，当 1909 年，杜黑看到最早的飞机还在田野和天空之间蹦蹦跳跳，按今天的标准根本不能叫做飞机的时候，他就预言：天空将成为重要性不次于陆地和海洋的另一个战场；制空权将变得与制海权同等重要。经过第一次世界大战飞机应用于战争后，人们对飞机技术的理解也仅仅是把它作为侦察和校正炮位使用。然而，杜黑用人们陌生的话语，说出了他对新技术的全部理解：空军将成为一个独立的军种，空中战争将成为未来战争的主要样式，未来战争很可能从空中开始，而空中战争将决定战争的胜负。在这种情况下，当时许多权威人士纷纷站出来，依据浩瀚的兵学理论对其进行反驳和诘难。颇富讽刺意味的是，正是持续数十年之久对杜黑理论的争论，立体作战观念终于带着其全新的理论视野降临战争舞台。虽然批评声今天仍不绝于耳，但在事实面前，全世界都承认了杜黑对航空技术的透彻理解力。

今天引领性的技术是正在开拓四维空间的信息技术。如果思想仍然存留在三维空间，怎么去谈今天的技术理解能力，怎么去运用今天的技术理解能力完成军事创新。任何人都不可能懂得所有技术，但必须能够理解技术的含义，明白它所带来的冲击和影响，感悟它所开拓的发展方向。这一点对我们尤其重要。之所以这样说，因为我们的传统军事学轻视技术、脱离技术的倾向明显。古代先哲们“形而下者为器”“形而上者为学”的观点对我们影响甚深，不少人认为要建立一个什么“学”，先必须脱离“器”，否则就不高深，就不抽象，就钻不进象牙塔。这种观念难道不是我们军事创新思维的重大障碍。从历史长河看，人类社会发展的技术形态一直决定着战争与军事的基本形态、决定着军事组织方式和作战指挥方式、决定着军队的战斗力生成模式，是军事技术而不是军事思想，推动旧的军事力量体系逐步瓦解和新军事力量体系逐步形成。轻视军事技术，就是轻视军事实践；脱离军事技术，也就脱离了军事实践。正是在这个意义上说，今天我们必须克服制约我们军事思维创新的技术理解能力，这就要求我们要培养“技术支撑型”军事理论人才。

### （三）培养“技术支撑型”军事理论人才

从前面的分析我们可以知道，杜黑之所以能在飞机技术刚刚诞生之际，就能预言到飞机技术在军事上的发展和应用，这与杜黑具有深厚的技术功底和战争实践活动是分不开的。联想到我们有的懂技术的人员不懂理论，而有一定理论基础的人员又不懂技术，造成技术与理论不能有效地结合起来。因此，在新军事变革时期加强军事理论创新，我们应该培养“技术支撑型”军事理论人才。[61]

“技术支撑型”军事理论人才就是要求军事理论人员必须具备掌握一定军事技术的能力。随着军事技术的发展，军事理论中军事技术的因素越来越重要，杜黑军事技术思想就是基于飞机技术发展初期而建立起来的。进入21世纪，以信息技术为核心的新技术革命的浪潮，使人类社会发生了历史性变革。科学技术迅猛发展及其在作战领域的广泛应用，对当代军事理论研究产生了全面而深刻的影响。在信息社会时代，缺少高新技术支撑的军事理论人员已很难适应理论创新的需求。伊拉克战争中美军第三机步师，不顾翼侧及后方安全，在作战初期日推进达百余千米，孤军冒进，看似犯了兵家大忌，其实这正是美军作战理念的全新尝试——以网络中心战为背景，依托高新技术形成群集交战态势的制敌机动行动。面对这次以高新技术为支撑的制敌机动行动，我们很多军事理论人员直呼“看不懂”。造成这种“看不懂”有很多因素，而缺乏用新型军事技术理念解读军事行动是其中的主要因素。同时，也使我们懂得现代作战是以技术为核心的信息战争，没有技术支撑的军事理论人员很难吃透变化多样的战场态势，更难创新出适合我军战胜强敌的作战理论。面对新军事变革的挑战，努力培养具有技术尤其是高新技术支撑的军事理论人才成为当务之急。

“技术支撑型”军事理论人才的核心素质就是能够掌握一定的技术应用能力、善于运用科学技术来思考军事理论问题。在未来的军事学领域内，那种只懂军事而不懂技术的理论人员将逐渐被淘汰，应运而生的将是在技术领域有着一定造诣而又精通军事的“技术支撑型”军事理论人才。由于新军事革命的核心是信息技术革命，所以“技术支撑型”军事理论人员应当具有加大信息技术在军事理论研究中的权重，保证军事理论对未来战场具有前瞻指导的作用。同时还应当具有运用模拟技术在战斗试验室中改进军事理论，加速评估和修订军事理论的能力。其他还应了解的相关技术包括：人工智能技术、融合技术、侦察监视技术、精确制导技术、航天技术等等。有丰富的军事理论创新成果及必备的基本技术应用能力是达到“技术支撑型”军事理论人才的标志。所以说，在新军事变革中，军事理论人员应当善于运用科学技术思维来研究军事理论问题。

如何培养“技术支撑型”军事理论人才是一个全新意义的重大课题。它涉及众多领域、涵盖众多要素、承载大量实际工作，是一项极具时代性、系统性的全局性工作。如何贯彻这一战略性策略，笔者认为可从三方面着手：一是跨越式方法，即在积极推进中国特色的军事变革中强化跨越式发展的观念，大胆超越技术应用中的一些可以跳跃的阶段，直接掌握一部分与军事理论创新有紧密联系的重点技术，以局部跃升推动和促进我军军事理论研究人员技术水平的整体提高。二是借鉴式方法，我们可以借鉴外军先进的成熟的技术与理论相结合的经验，拿来我用。这样既可以少走弯路又可以省去高昂的“学费”，直接进入先进军事理论研究的“快车道”。三是兼容式方法，即引进和充分利用先进的民用技术资源，转化为理论研究的原动力，使理论创新更符合未来作战需求。[62]20-21 同时，实施广域兼容，加速军事理论人才与高新技术的整合，有利于我军军事理论人员及时了解和运用最新技术成果，与全球新军事变革同步，创新出适合我军战胜强敌的军事理论。

# 第九章　空军学术思想发展趋势

认真研究了杜黑的军事技术思想，并联系空中力量运用和建设的实际进行分析后，就会探刻地感到，杜黑的确是伟大的、有远见的军事理论家、思想家。在有动力的推动而实现飞行的技术还处于幼年时期，他已远远超出了他那个时代的军事技术的一般认识，为空军的创立、发展和作战运用制定了一整套原则，他的许多理论、原则还将继续为今后的空军发展建设起到重要推动作用。21 世纪，从杜黑的预见中，从世界范围空中力量迅猛发展的脚步声中，我们仍然能感受到一种巨大的挑战。

军事科学技术的飞跃发展和武器装备的不断推陈出新，促使了战争形态及其指导战争的军事战略和学术思想也随之发生变化。各国空军通过对世纪之交几场现代高技术局部战争的研究，特别是对伊拉克战争中北约与美、英联军使用高技术兵器情况和战法等特点分析，结合国际战略格局的发展趋势和科学技术、空军武器装备的未来可能发展，对空军未来运用的作战理论、学术思想进行了深刻思考。

## 一、空袭作战和防空作战将发展为空天一体作战

21 世纪初期前后进行的几次高技术局部战争显示，空袭作战不仅具有精确性，而且还具有综合性和灵活性，在其一举摧毁敌指挥体系、防空体系夺取制空权的同时，实施了平行作战，对所有暴露或隐蔽的各类目标——固定的战略、战役、战术目标（包括民用设施）和瞬息即逝的机动目标进行了震慑性突击，达成瘫痪敌防御体系，消灭敌武装力量，动摇敌军民抵抗意志的目的，使“快速控制”理论成为事实。以作战的风险和效果而论，空袭作战是任何其他作战方式所无法比拟的，不仅为空中力量自

已确立了空中优势地位，也决定了战争的进程和结局。美空军认为，通过实施以空袭作战的空中战役（或空中战局），即使没有完全达成战争目的，也只需在尔后派遣相对较少的地面部队即可直捣敌人心脏和要害地区赢得战争胜利，而不必担心残存的敌军还能发动有效的反击，因此，空袭作战是发动战争的首选作战样式。俄空军同样认为，在战争初期实施以空袭作战的空中战役已成为现代武装斗争的第一方案。

现代空袭作战所以能够取得历史上同类作战望尘莫及的战果，除航空力量本身的作战能力有了飞速发展以外，航天力量的全面支援和保障是关键所在。各类侦察、监视卫星为制定空袭作战计划提供航路、战场和目标区详尽资料，气象卫星为空袭作战活动提供气象保障，导航定位卫星为执行空袭任务空中编队和精确制导炸弹提供导航制导，通信卫星提供空袭作战中信息——包括情报、指挥和控制等所有作战有关信息的传输，实际上，空袭作战已经发展为空天袭击。随着航天技术的发展和普及，不仅航天器的支援和保障业务将会不断扩展，还会有空天飞机等航天器直接遂行突击作战，在拥有航天力量的国家越来越多的情况下，空袭作战发展为空天袭击的趋势将日益加强。

与此同时，战争中的防空作战对航天力量的依赖也日益明显。侦察、监视卫星可提前发现敌发动空袭作战征候及时发出预警，气象卫星为防空作战提供气象保障，导航定位卫星为执行防空截击的空中编队和拦截导弹进行导航制导，通信卫星提供防空作战中信息—包括情报、指挥和控制等所有作战有关信息的传输，得到航天力量充分支援和保障的防空作战有可能做到知己知彼，如再对敌航天器实施干扰和攻击作战，不仅可能摆脱被动挨打困境，进而以航空进攻性力量为骨干，在陆基战役战术导弹、海基巡航导弹的参与和配合以及航天力量的全面支援和保障下，发动反击作战，争取主动地位，直至赢得防空作战胜利。因此，现代防空作战也呈现出向空天防御作战发展的趋势，而且，这一趋势随着航天技术的发展和普及，航天器支援和保障功能的扩展，未来也必定会研制出能够直接用于进行防空防天作战的航天兵器，在拥有航天力量的国家越来越多的情况下，防空作战发展为空天防御的趋势也同样会日趋加速。

其实，航空空间和航天空间是无缝衔接密不可分的，目前因受技术条件限制，航空器和航天器只在各自的空间领域执行任务，但超高音速空天飞机即将问世，它就可以在两个空间驰骋作战，使两个空间成为一体化战场。航天空间具有高边疆、无国界的特点，是军事活动的制高点，在信息获取和传输上比航空空间更具优势，太空力量能为空中作战提供有效支援；空中力量具有远程奔袭、猛烈突击和机动灵活的特点，能够将太空力量的信息转化为战斗力，在太空力量的支援下，空中力量威力可增加 50% ~ 80%。上述天然的联系必然会促使空天合一，发展成为战争史上威力空前的新的作战样式——空天一体战，对战争进程和结局的影响也使其他战争样式无法望其项背。

传统的空中进攻作战——空袭作战和空中防御作战——防空作战的界限已在战争中趋于模糊，这是由空天袭击和空天防御作战并无明显前方和后方界限，作战力量高度联合，作战行动攻防结合，战争进程速战速决等特点决定的。因此，空天袭击作战的手段和方法与空天防御作战的手段和方法正趋于相同，成为空天一体作战。如果在战争伊始实施空天一体作战，取得制空权和制天权，就有可能取得整个战争的主动权。因此，空天一体作战对战争进程和结局影响的重要性就不言而喻了。

俄空军认为，未来空天袭击和抗击敌空天袭击的战略性战役属于联合战役，参加战役的兵力除空军和太空部队外，还包括陆军航空兵和战役战术导弹部队、海军航空兵和导弹舰艇部队、总参直属侦察和电子战部队、盟国空军和防空兵等，将集中空军、军区和舰队的突击力量和防空兵共同实施。战役由最高统帅部通过总参谋部统一领导，由于空军在战役中起主导作用，战役由空军总司令直接指挥。主要作战行动包括：展开侦察预警、空中战役、反卫星作战、反导作战、消灭敌巡航导弹和防空作战等。其战法包括：信息——突击，即在未来战场上合理运用侦察、电子战兵器和火力毁伤兵器，实时发现目标并进行火力毁伤；电子——火力突击，即航空兵在实施密集突击和小编队突击时，先以反辐射导弹或各种干扰手段对敌防空系统实施电子压制，然后再以空地导弹和精确制导炸弹实施密集火力毁伤；远程精确打击，即航空兵主要在敌防空火力圈外实施远程精确打击。

俄空军还认为，未来空、地、海、天进攻和防御作战（兼有信息对抗），将是一场真正意义上的非接触式战争。在空天袭击作战中，空军有人驾驶飞机无须在敌领土上空活动，它只是最快和最机动的“弹药（搬运）手”，主要依靠先进的机载武器——射程不等的导弹和新的物理原理武器；在空天防御作战中，空军的主要任务是在敌空基精确武器载机尚未到达巡航导弹发射线（距国境线 2 000～3 000 千米）之前将其消灭，而不是拦截其发射的每一枚突防的巡航导弹以“掩护”军、民设施免遭袭击。

未来空袭作战将主要以天基作为指挥控制和精确制导的枢纽，以航空兵、陆基战略和战役战术导弹发射车、海军舰艇乃至天基精确制导弹药平台为基础平台实施的空、天、地、海突击作战。为有效抗击 21 世纪潜在敌人的威胁，一些军事大国正在积极着手建立防空、反导和防天三位一体的新型国家空天防御体系。

## 二、空军是未来战争的主要作战样式中的主角

联合作战是指两个和两个以上军种部队为实现共同目标在统一计划下联合实施的作战行动。综观冷战结束以后美国所发动的历次战争，无不以联合作战为基本作战样式进行。这是美军将联合作战理论作为现代军事理论创新点，全面系统地发展新一代作战理论并付诸实践的结果。从 20 世纪 90 年代以后，美、俄等国军队陆续颁发了多种联合作战条例条令，建立了联合作战理论体系，规范了各军、兵种部队的联合作战行动，组建了联合作战的指挥机构。美军更通过其发动的高技术局部战争，进一步丰富和发展了联合作战理论和实践，在其 2001 年颁发的《联合作战纲要》中指出，“未来作战的本质是联合作战”。认为只有通过联合作战，才能建立“全谱优势”和“信息优势”，才能实施“决定性打击”、“全维防护”和“聚焦式后勤”，以最小军事资源风险和消耗，最大限度地发挥部队战斗力，赢得战争胜利。

现代战争中的联合作战，已不仅只是战术上的协调配合式的合同作战，而是在战术、战役和战略各个层次上均能实现的一体作战。也与过去那种仅是陆空、陆海和海空部队之间的联合作战大不相同，而是陆、海、空、天乃至所有武装力量都参加的、包括陆上、海上、空中和太空多维空间展

开的联合作战，现代战争已不再是依靠飞机、舰艇、坦克，甚至卫星本身赢得战争，而是依靠把这些平台融合在一起来发挥整体力量赢得战争，是“陆、海、空、天一体战”赢得战争。

在联合作战中，为了应对敌人多种作战样式，参战各军种也必须相应采取多种作战样式，信息作战、精确作战、非线式作战、非对称作战等等综合应用，形成整体作战效能。参战各军种指挥机构受联合指挥中心统一指挥，实现对参战部队行政管理、作战指挥和物资技术保障。随着先进综合信息系统（$C^4$ISR）的形成，不仅能将分散在各个方向和广阔空间的本军种各作战单元联为一体，而且能将分散部署执行各种任务的各军种联为一体，为联合作战提供可靠保障。

在联合作战中，强调所有参战部队都应具有高度的团队合作精神，指挥官对各个军种力量进行最优化组合，再根据统一的作战计划，各部队发挥各自优势，在广阔空间和不同战场同时进行。指挥官只关心打击效果，而不关心实施打击的是哪个军种的部队。

但是，参加联合作战的各军种武装力量在运用和各战斗空间的利用上并非没有主次和重点，这是由一体化联合作战的本质特征所决定的：第一，美军《2020 年联合设想》认为，信息优势和情报预知能力是联合部队夺取全谱优势的关键制胜因素。空军装备的侦察机、预警机和侦察卫星等平台和手段是现代军事力量中获得对敌战场态势，乃至全面信息优势和情报预知能力的最主要和最有效的平台和手段。第二，一体化联合作战依靠 $C^4$ISR 系统实施网络化实时指挥控制，而该系统主要是通过空军的通信卫星实现的。第三，一体化联合作战强调对敌实施全纵深精确打击，一举瘫痪敌作战体系。众所周知，现代战争的火力打击主要依靠精确制导下的航空突击和导弹突击实施的，这又是空军的基本力量和装备。第四，美军一体化联合作战以快速决定性作战为指导，即充分利用美军非对称优势，打击敌关键节点，形成最大限度的震慑和破坏作用，摧毁敌抵抗意志，这也正是空军最典型的作战优势。因此，可以预言，空军的航空兵和航天力量将在一体化联合作战的多种不同战斗实体中扮演主角，一体化联合作战也将不断向空天发展，大气层空间和外层空间将越来越成为未来一体化联合作战的主要战斗空间。

在未来大规模一体化联合作战中，空军利用其 $C^4$ISR 系统和航天力量为地面和海上部队提供战区态势信息，保障通信顺畅，打击敌侦察、预警、情报手段和系统，为地面和海上部队行动提供安全保障；实施以其为主的空袭作战，进行精确打击，瘫痪敌指挥通信系统，摧毁敌重心目标和防御体系，削弱敌进攻或防御能力，粉碎敌军事机器和作战意志，为地面和海上作战创造有利条件；为地面和海上部队提供空中优势和太空优势，防止敌空中和太空打击，保护后勤基地和补给线安全；阻滞敌装甲部队和预备队集结、开进，打击敌深远后方的远程攻击武器系统、港口、机场和后勤基地，为地面和海上部队作战开辟通道；空军电子对抗飞机为陆、海军的武装直升机和作战飞机提供电子对抗支援，加油机为陆、海军飞机提供加油勤务，运输机为地面和海上部队提供空中运输和投送勤务，救护机为地面和海上部队提供救护勤务，提高陆、海军的作战效能。在伊拉克战争中，美空军在其他军种部队司令部内设立了“空军部队协同小组”，使空军能够将航空航天力量充分地加入到各军种的作战行动中，实现联合部队司令意图。空军已从支援军种变为实施联合作战的重要乃至主导军种，以其为主要作战力量实施的空袭作战，也不再是一种作战支援保障行动，而是达成联合战役（战局）战略战役目的的主要作战样式。

在伊拉克战争中，美军进一步发展了内聚式联合作战。内聚式联合作战，是美军在专业式和协作式联合作战基础上发展起来的一种新型联合作战方式，已使各军种作战部队在指挥控制、武器装备、编制编成、平时训练和战时行动等方面实现内在的全面联合。战争中的美军中央总部联合作战指挥中心，从一开始就是全面联合的，从而减少了指挥环节，缩短了决策周期，提高了指挥效率和战场控制力。在空军 $C^4$ISR 系统支持下，各军种作战部队各级指挥官可近实时掌握战场形势，从而大大提高了部队的联合作战能力。

美军在理论上对联合作战进行完善的同时，在指挥和控制系统上也予以积极改进，为联合作战提供全面保证。2006 年 8 月 16 日英国《简氏防务周刊》报道，美国国防部正计划在今后 7 年中花费 25 亿美元开发一个跨军种、网络化的全面指挥控制系统——网络实现指挥能力（NECC）系统——以网络为基础的支持联合作战部队指挥官和分队指挥官的系统工程。该系统由美军联合部队指挥机关协调处和国防部信息系统局共同进行，初步计划将现有的各个系统全都移植进去，实现网络互通，确保美军世界各地用户能够通过一个系统履行所有职责。系统的开发工作于2007年下半年开始，预计用6年时间建成。

俄罗斯武装力量为了在未来战争中进行名副其实的联合作战，将实行新的改革，据透露新的框架之一是为有效指挥武装力量各军、兵种，将废除军区编制而在其基础上建立地区司令部。俄《独立报》2006年3月24日报道，俄罗斯从2006年6月1日起，在东部地区开始进行建立地区司令部试验。远东军区、西伯利亚军区，可能还有伏尔加河沿岸——乌拉尔军区，都将隶属该地区司令部指挥。俄武装力量副总参谋长斯科沃佐夫上将认为，如今的军事行动大多具有跨军种性质，而目前因存在着武装力量各军种作战、技术和后勤保障系统不统一的问题，使武装力量难以有效地作为一个整体去完成国防领域的各项任务。摆脱现状的最佳办法是从军区（实际上是陆军）指挥部队的体制向地区或者“跨军种”指挥部队的原则过渡，“跨军种”指挥指的就是在地区范围内统一指挥陆、海、空三军，这是实施联合作战的关键。俄《独立报》同年4月4日进一步引述来自俄军总参谋长巴卢耶夫的消息，俄联邦武装力量改革的第一步将从武装力量情报机构重组开始，巴卢耶夫认为，现有体制已经“过时”，这第一步改革的目的是实现总参谋部管理下情报机构的高度集中，将撤销陆、海、空三军的情报局，各军种的情报功能将转移到总参谋部情报总局。而国防部认为，武装力量情报机构重组旨在撤销陆、海、空三军总司令部编制，转而在未来成立战略指挥部。上述措施都是为了在未来战争中实施一体化联合作战而进行的重大改革。

日本军队也正在积极组建和完善三军联合作战体制，准备进行自1954年自卫队成立以来最大规模的组织体制改革。计划废除现有的陆、海、空各自独立的方面队、地方队制度（防区制度），重新划分成3个各军种合一的“防御区块”，引进新的“方面本部”制度。“方面本部司令部”司令可直接指挥区域内所有部队，类似美军战区司令部指挥体制。2006年3月27日，日本正式废除各军种的独立指挥系统，将陆、海、空军置于一个一体化的指挥体系下，开始实施陆、海、空三军统一指挥。在新体系中，陆、海、空军的司令官直接听命于日本内阁防卫厅（2007 年 1 月 1 日升格为防卫省）长官，从而使防卫厅（省）长官能够在最短时间内有效地实施指挥。据报道，新的指挥机构设立了由 500 人组成的统合幕僚监部，即联合参谋本部。

## 三、制天权在军事斗争中的地位日益突出

制天权，也称制宇权、空间优势、太空优势或航天优势，它是随着 20 世纪 50 年代航天技术应用于军事领域后，美、苏两国在争霸斗争中，新出现的一种军事优势竞争，表现为控制外层空间，确保己方不受干扰地利用太空和阻止敌对太空的利用。航天信息平台的建立提高了军队的作战效能，航天兵器的运用诱发了新的战争手段，航天优势的争夺催生了新的作战样式。太空战就是利用航天武器装备，在稠密大气层以外的外层空间和地球以外的天体中为夺取太空优势进而夺取战争的全面优势而进行的对抗，由于太空是地球村的制高点，在一定程度上可以认为，谁获得了制天权，也就是在军事上获得了得天独厚的非对称优势和主动权。

20 世纪 80 年代，美国国家安全委员会特种计划室主任、陆军退役中将丹尼尔·格雷厄姆在《“高边疆”研究》一书中声称，空间已成为维护国家安全和利益的“高边疆”，认为：“那些在空间领域显得突出的国家或国家集团，将赢得这一战略‘高地’的决定性优势。”提出应把开发宇宙空间作为美国新战略的一部分。1983 年 3 月 3 日，美总统罗纳德·里根提出“战略防御倡议”（SDI），即“星球大战计划”，全面启动空间对抗准备工作。之后，其军事航天发展虽有曲折，但空间对抗的实际工作始终没有停止。小布什上台以后，更把“控制空间”作为 21 世纪美国家安全和军事战略的重点，不断完善空间战略规划，积极开展空间作战理论研究，加速推进空间军事化进程。2002 年 8 月 9 日，美军参联会颁发了第一部《联合空间战纲要》，系统阐述美军联合实施太空战原则，明确各军种空间司令部指挥关系，各军种太空战行动、战区空间支持行动等内容，成为指导美军联合太空战行动的纲领性文件。该《纲要》进一步发展了美军在《2020 年航天构想》中提出的未来太空作战概念，强调要夺取和

保持太空这个现代战争制高点，利用美占绝对优势的太空战能力，以进攻性航天行动和防御性航天行动摧毁敌方各种航天器、弹道导弹、飞机、舰船和地面高价值目标，支持美军地球表面作战行动。美军认为，未来太空战和空中作战行动将是“全球到达，全球打击”的空天一体化行动。美国2005年3月18日公布的《国防战略》报告称，“航空航天能力……很重要，确保己方自由进出空间而不让敌人这样做，是美国的重要目标”。美航天部队司令埃斯蒂斯将军认为，太空将成为未来军事战略的中心。海湾战争后，美军提出了“空、地、海、天一体化”联合作战理论，第一次把空间作为联合作战不可分割的一个重要战场。2006年10月17日，时任总统小布什正式签署《国家太空政策》法令，强调“对美国而言，太空行动自由与空中和海上实力同等重要”，在声称今后不再签署可能限制美国在太空自由行动的一切协议的同时，美国有权“阻止任何敌视美国利益的国家进入太空”。表明美国不仅对太空实行军事化，而且美国化了，为发展和垄断美国空间优势地位，准备空间作战，极力限制所谓“敌国”进入和开发、利用太空资源。

美空军是拥有美国主要航天力量的军种，早已将“太空作战”列为其主要作战任务之一，公开提出要取得“太空优势”。2000年5月9日，由美空军部长和空军参谋长联合签署的《航空航天：保卫21世纪美国》白皮书中，明确“空间作战——进入空间和控制空间——对于保持我们的优势是必要的”，在理论上对太空战进行了阐述。2004年8月2日颁布第2.21号《空间对抗作战》条令，强调将太空优势置于其他战场优势同等地位，而且视为所有军事行动中的首要重点。美空军认为，在空间对抗体系中，任何为夺取太空优势的行动都被视为空间对抗作战，即太空战，太空优势可提供进攻自由和避免袭击自由，获取太空和空中优势是任何军事行动中至关重要的第一步，由于太空作战力量既依托无垠的外层空间战场，又与空中战场紧密相连，使太空战场呈现出空天一体的基本特征，因此，争夺太空优势作战是空军独有的作战能力。

太空作战包括战略、战役和战术各个层次，是继地面作战、海上作战和空中作战以后出现的新作战样式。美空军认为，海湾战争的“沙漠风暴”行动是美空军实施的第一场真正的太空战。1991年1月17日作战行动开始时，美在外层空间投入了18颗全球定位卫星和其他多种卫星提供侦察通信、导航、气象等作战支持和保障。为加强对空天一体化全球打击行动的指挥控制，美空军在已组建10支空天远征部队、2支快速反应空天远征联队、5支机动空天远征部队的基础上，2002年5月又组建上将级的空间司令部，加强对航空航天一体化作战控制，实现战时空天主导局势，全面支持地球表面美军联合作战行动。并将在2010年前发射70颗通信、侦察、导航及导弹预警卫星，重点增强天战、空战及反导作战支持力度。《联合空间战纲要》认为，“太空已经成为最重要的战区”，太空战将发展为空天武器系统攻防一体化作战行动，由空间打击敌方陆、海、空、天设施和目标，实施真正意义上空天一体的全球纵深打击。该《纲要》还认为，未来美军太空战核心是“空间控制”行动，旨在“剥夺敌方空间能力”，这一行动包括5个要素：欺骗、扰乱、阻碍、降级、摧毁。根据政治和外交需要，采取逐步升级太空战方式，直至最后的“摧毁”行动，“永久性地消除敌方对空间系统的使用”。2005年2月5—11日，美空军在内华达州内利斯空军基地举行了第三次“施里弗”空间战模拟演习。演习通过红、蓝双方对抗模拟的研讨方式检验了美利用空间优势和防止对手利用空间的能力，探讨了如何更好地利用空间系统支援地面联合作战理论，并借以发现其空间系统和空间战理论存在的问题，提出今后改进和发展的重点及方向。

未来太空战将包括太空进攻作战和太空防御作战。太空进攻作战将以敌方航天能力为目标，首先也是最容易达成目的的行动是对敌航天系统地面设施如地面站和发射设施进行飞机、导弹和火炮突击，进攻作战还可能有地面—太空、太空—地面和太空—太空的攻击行动，如使用航天武器系统和电子对抗系统攻击敌陆、海、空、天设施和目标，包括在轨卫星、通信链路、$C^4$ISR系统等，作战方式可能有欺骗、干扰、阻止、降级和摧毁；太空防御作战是通过限制敌对己方空间设施和兵力的敌对行动而采取的持续性作战及防止和阻止敌袭击的作战方式，包括积极防御作战和消极防御作战，积极防御作战如采取发现、跟踪、识别和消灭敌方进攻兵器或使敌方进攻兵器失灵等作战行动，其中首要作战行动为阻止来自外层空间的敌方一切威胁，抗击并摧毁敌方各种来袭目标。消极防御措施包括加密、伪装、加固等抗干扰和防摧毁。

俄军也认为，未来20～30年，俄最主要威胁将来自空天，未来武装斗争发展趋势之一是建立和保持太空优势，制天权将成为夺取制空权和制海权的主要条件之一，太空作战已成为现代战争重要组成部分，是现代战役的新内容。因此，俄空军必须具备在整个航空航天空间遂行攻防作战的能力。俄军学者在学术上把可能进行武装斗争空间的绕地太空，分成近地太空战区和月亮太空战区，认为两个战区除应分别部署轨道集团，发射、控制和保障其发挥作用的兵力兵器外，在近地太空战区还应部署地球—太空级作战兵力兵器，月球太空战区则将部署月球—太空和月球—地球级作战兵力兵器。2001年6月，俄宣布将导弹太空防御部队和军事航天部队从战略火箭军编成中分离出来，成立太空兵，成为独立兵种，积极研究太空作战理论，为太空作战进行实际准备。

印度空军自20世纪90年代开始，就设想建立空间作战司令部，整合印度所有侦察、探测和军事用途的太空资源。在其《空军2020年远景规划》中，不仅明确空军向航空航天转型的近期目标，还提出了要在未来战争中夺取制空权和制天权的长远目标。

但是，太空技术具有高投入、高风险特征。空间不可预测因素多，技术难度大，涉及领域广，设备昂贵，工艺复杂，使军事航天技术开发利用除了要求知识密集和技术密集外，还需要巨大经费投入。20世纪70年代，美航天局曾夸耀其航天飞机跟航空飞机一样可靠、经济和安全，但航天飞机25年飞行记录并非如此：经费大大超过预算，而且相当危险——5架航天飞机中有2架先后折戟沉沙，飞行次数也没有达到预期的每年30～60次，最多的1985年也仅9次。在1986年“挑战者”号失事，7名宇航员遇难之后，所有航天飞机曾停飞两年半，航天飞机能和航空飞机航班一样定期飞行的神话也随之终结。2003年悲剧再次发生，“哥伦比亚”号返回时爆炸解体，7名宇航员又无一幸免。时任总统小布什后来宣布，航天飞机将在2010年退役，其任务将被另外的载人飞行器所取代。显然，太空战既是一场高技术战争，也是一场经济实力较量，在可预见的将来，世界大部分国家要像发展航空兵那样发展航天军事力量，具有太空战能力是难以实现的。至少在21世纪中叶前后，人类主要作战活动还将在地球表面和大气层以内进行，航空火力突击不仅是战略性空天袭击的主要作战行动，而且依然是未来战争实现对敌毁灭性打击的主要作战行动。空中战场既是实施机动和对敌打击的最有利战场，也是消灭敌武装力量和摧毁敌各种地面、地下设施的最有利战场，还是实施防御作战消灭来袭敌人——包括地、海、空、天为基地的各种兵力兵器的最有利战场。因此，空中战场在相当时期内仍将是战争的主战场。从而使空中战场的斗争要比空间战场的斗争更为普遍和激烈，也使争夺制空权的斗争要比争夺制天权的斗争更为普遍和激烈。俄空军认为，空中战场即使在未来拥有强大航天力量的国家间进行的战略性空天战役中仍然肩负重要使命，在空天一体战初级阶段，主要是航天信息支援下的航空作战行动，在空天一体战高级阶段，航空器也还是战争中的重要手段，战斗机和轰炸机在航天信息支援下突击航天兵器地面设施——包括发射、指挥、控制和接收等有关设施，从而降低航天兵器作用，甚至使其如同失效的卫星一样毫无作用，就像海战中击沉敌航空母舰和空战中摧毁敌机场一样，使航空兵器无所依托而无所作为。尤其在21世纪中叶以前，制空权在战争中仍将具有重要的作用和地位，空军必须在战争初期将夺取制空权作为自己的重要任务，在航天力量和陆、海军的支援和配合下，集中使用各类高技术精确制导武器进行争夺制空权的作战行动，进而为夺取战争主动权和赢得战争胜利做出自己的贡献。

但是，空间军事系统毕竟在高技术局部战争发挥了巨大作用，它使现代战争战场高度透明，既能极大地提高己方陆、海、空军传统力量的作战效能，又能有效遏制敌陆、海、空军作战效能的发挥。太空战无疑已具有战略威慑性，这是航天技术被运用于军事领域后产生的又一种战略威慑——继核威慑之后的一种新的战略威慑。拥有空间优势一方凭借军事航天实力，以其行动的突然性、快速性和出其不意的方式方法，对敌国实施恐吓，使对手在心理上造成恐慌，摧毁对手的抵抗意志，从而达成既定政治目的和军事目的。

美空军太空司令部司令兰斯·洛德上将曾对两种优势作总结：“我们知道没有空中优势什么都做不了。太空同样如此，太空优势也是我们必须追求的目标。”

## 四、信息作战贯穿空中作战全过程决定空中作战成败

信息技术是构造21世纪发展的最主要因素之一，信息作战将是21世纪的主要战争形态。美军认为，“信息作战行动正成为美军的核心军事能力”。信息作战的特点是作战界线模糊、不受空间制约、攻击力强、成本低、系统管理作用大、但脆弱性明显。

信息作战按作战性质分为进攻性信息作战和防御性信息作战。按作战手段分为信息武器装备（或信息化武器装备）对抗、电子对抗、计算机网络对抗、指挥控制预警系统对抗和通信系统对抗等；按作战行动样式则分为信息战役、信息交战、信息行动和信息突击等；按作战规模还可分为战略、战略—战役、战役、战役—战术和战术等。由于现代作战基本上为联合作战，信息作战同样除了空军以外，陆、海、天各种力量也均参与，在空中、陆上、海上和太空各战场全面展开，按作战计划所要求的时间、地点和方向对敌整个防御体系和要害目标，实施强大的信息突击，形成整体作战效能，迅速使敌军信息体系瘫痪，陷敌于休克状态。

信息作战内容，美军认为主要有：作战保密、军事欺骗、心理战、电子战、物理打击与破坏、特种信息战和计算机网络攻击等。俄军则归纳为：①信息保障。包括信息侦察、信息收集、信息联络的组织与实施和司令部信息工作。要求获取的信息及时、可靠、准确和完整。②信息斗争。对抗敌方的信息保障，主要是指伪装、反侦察、反情报、对敌信息系统进行电子—火力压制等。③信息防护。保护己方信息和信息系统，包括控制性侦察、信息检查、信息系统的抗火力摧毁、电子防护和反敌信息对抗等。

航空空间和航天空间具有最优良的通透性，是获取和传输信息最理想、最主要空间，而空军赖以发挥战斗力的平台——飞机及其机载武器，不仅是高度信息化载体（作为信息化设备的机载电子系统成本已占到现代化飞机总成本的70%，精确制导武器则是典型的信息化武器。随着空军信息武器大量装备和运用，以及保障其作战使用信息系统的不断发展和完善，信息化程度还将进一步提高——美国空军、陆军和海军信息化程度分别为70%、50%和60%），而且也是信息作战的主要载体（美国空军和海军、陆

军航空兵的电子对抗资金占全军该项资金的70%，其中空军所占份额最大)，信息已成为空军战斗力的基本要素之一，其对空军作战胜负影响也越来越重要，已经开始并将不断发展完善的远程精确作战和无人驾驶飞机攻击作战，是空军未来实施信息化战争的典型作战样式。在未来战争中，夺取对敌信息优势的信息作战，不仅是空中作战的一种方法和手段，而且是空中作战第一阶段并贯穿作战始终的最重要任务，其结果能够决定空中作战成败乃至整个战争成败。

美军认为，未来信息化战争将以网络为中心的作战展开，并最终取代以平台为中心的作战，这种趋势不仅已经出现，而且正在加速。"网络战"这一名称源于美国，意为部队和战场实现数字化，即所有军队有关人员、指挥机构和武器系统，通过一个信息网络相连，形成网络中心力量，从而具有迅速交流信息，作出决策和采取行动的能力，使作战效能空前提高。现代战场信息网络是由遥感侦察系统、通信传输系统、处理决策系统、部队行动和武器打击系统以及保障供应系统等五大系统组合而成整体运行的网络。在五大系统的每一个系统中，又有若干个分系统和子系统。网络战理论认为，作为节点的系统都可能成为打击目标，一旦对上述网络节点目标实施多点精确打击，就能使信息网络瘫痪而无法正常运行，部队也相应陷于瘫痪而无法正常行动。美国防部计划耗资340亿美元建设"全球信息网络"，并将现有系统并入该网络，届时，美国就能在全球实施以网络为中心的信息化战争。

美国防部于2001年7月向国会提交了《网络中心战》报告。该报告认为，网络中心战（NCW）是由通过将战场有关各个作战单元网络化所形成的网络中心力量实施的军事行动，由于利用了功能强大的计算机通信网路，将各种分散的探测预警系统、指挥控制系统、打击武器系统等集成为一个统一、高效的信息网络体系，使所有层次与作战有关人员或个体（如1架攻击无人机）能够利用该网络共享战场态势，交流作战信息，指挥与实施作战行动，从而成为未来战争中快速取胜并减少作战伤亡的关键手段。如现代先进的机载电子设备已使每架作战飞机和每个作战飞行编队在战斗飞行中无论位于何处，都是$C^4$ISR系统中的一个网络单元，使其在获得探测预警系统的信息或得到指挥机构的命令后就可以对关键性"机会型"

目标——瞬息出现的目标实施攻击，或者在某些情况下自行判断攻击目标，从而大大提高战斗效率。

《网络中心战》报告认为，任何战争都同时发生在物理、信息和认知等3个领域。所谓物理域，是指部队在陆地、海洋、空中和空间实施打击、保护和机动的领域，它是各种平台和连接平台的通信网路客观存在的领域；信息域是指产生、传输和处理并共享信息的领域，它是传达指挥员作战意图、参战人员交流信息的领域，需要指出的是，信息域的信息并不一定都是物理域的真实反映；认知域是指参战人员的意识领域，它包括知觉、感知、理解、信仰和价值观以及据此而作出的判断和决策，它涉及指挥员意图、命令、战术和战法，由于每个人思想并不相同，他们对同一事物认识也很难一致，从而对信息域中同一信息可能会有不同理解，导致作战行动可能产生差异。因此，认知域对战争胜负起着举足轻重的作用。

美军认为，发展成熟的网络中心战能力必须具备下列条件：在物理域中，参战部队所有组成部分都通过网络实现了保密、无缝和可靠连接；在信息域中，所有部队都具有信息收集、共享、访问和保护能力，协同工作能力，能够通过对信息的综合分析而获得信息优势，这是平台中心战所无法达到的；在认知域中，所有部队都具有动态和共享高质量态势认知、对指挥员意图的相同理解和自觉进行同步作战的能力。在实施网络中心战时，采用多种手段结合，多种器材并举，如把“硬杀伤”和“软杀伤”“积极性”和“消极性”等手段灵活变换，制式器材与就便器材结合使用，佯动与欺骗真假相间，使敌网络系统出错、误判或功能失效，乃至彻底瘫痪，从而使其整个防御力量无所作为。在网络中心战条件下，不仅信息环境范围无限拓宽了，而且在涉及战争的所有3个领域——物理域、信息域和认知域结合成三位一体，从而能够保障战场上的作战与其他军事行动完全同步，保证对己方部队的快速指挥和作战能力的迅速提高。

2004年1月，美国防部颁布《网络中心战：创造决定性作战优势》和《网络中心战实施纲要》，表明美军已正式把网络中心战当作推进军队转型的战略途径和建设未来联合作战能力的理论指导。同月，美参联会颁布的《联合作战概念》和联合部队司令部颁布的《联合转型路线图》，以网络中心战思路和原则设计了未来联合作战和转型路线。2006年又制定了《国家网络战军事战略》，首次正式将网络空间界定为采取军事行动的一个领域，明确网络战范畴包括整个电磁领域。为了推进网络中心战能力建设，美空军于 2003 年 10 月颁布了 C2 星座网体机构 2.0 版，包括 14 个体系结构产品。以联合部队空中作战司令部信息流程为例，确定了星座网节点间的信息处理、传输流程，明确了 834 类数据的交换。该体系结构为美空军实现所有作战平台、传感器和武器系统无缝连接和互操作提供了顶层指导。

诚然，网络中心战尚未完全成熟，英国皇家空军打击司令部副司令格伦·托佩空军中将在总结伊拉克战争时曾经指出："我认为，这次战役（指伊拉克战争空中战役——'伊拉克自由'行动）使我们首次了解到了网络所具备的能力，也使我们首次了解到了网络中心战的面貌。这就是基于效果的作战所具有的能力。如果我们打算营造某种作战节奏，并且共享那些以新的样式遂行作战任务所需的态势洞察信息的话，网络所提供的能力就是至关重要的。目前，我们需要消除不同作战部队和不同武器之间在作战行动方面出现的冲突。"实施网络中心战需要先进网络技术，建成一个全球性网络，而且有足够通信带宽传递信息，需要相应扁平的、基于网络的、反应灵敏的指挥与控制结构和拥有能够洞察一切的传感器平台及高技术手段的空中力量。为此，美空军已作出调整，将实施网络战作为其空中和太空执行使命一样重要的作战任务。美空军网络特别工作组组长拉尼·卡斯认为："如果你今天不能在网络空间占据主导地位，你就不能在空中和太空占据主导地位。"为提高网络战水平，美空军于 2006 年开始组建网络作战司令部，该司令部可能将隶属美国战略司令部，负责选拔"实施网络战"人才，组织、培养和装备美空军网络战"士兵"。美空军参谋长迈克尔·莫利斯上将认为："这是一个大动作"，空军作战司令部已获授权制订组建网络作战司令部的细节和其他有关内容。

未来高级信息化战争也许是真正意义上的非接触式战争，敌对双方依托信息技术为争夺信息优势和战争胜负而先在信息领域实施对抗作战，尔后将作战扩及整个军事和经济等有关领域。敌对双方从事信息进攻或信息防御的主体往往并不部署在同一战场空间，而是相距遥远，甚至远隔重洋，无须通过目视而仅依靠信息流来完成进攻或防御作战行动。这种作战样式将随信息技术和全球性网络建设的发展而不断完善，不仅是未来信息化战争的先导和序幕，而且贯穿战争的始终，夺取制电磁权和战争主动权，为“剥夺”敌国防御力量抵抗奠定基础。该作战样式涉及太空、空中、地面、海上和海平面以下等多维战场空间，主要作战形式包括指挥控制战、网络战、心理战和信息化武器实施的实体毁伤攻击和防御保卫战等等。根据作战目的和战场情况发展变化，可能单独实施一种，或与空中作战、地面作战和海上作战等其他作战样式联合实施，多种作战手段和形式同时进行。

2006 年上半年，英、美两国在英国防部博斯库姆当基地举行了代号为“目标指示器”的作战能力概念展示演习。演习中，使用了美空军的信息交流技术，成功地将空中平台和地面平台所组成的情报、监控、目标搜索、侦察系统结合在一起形成网络，不仅提高了战争决策者、控制机构和官员对战场态势的感知和掌握能力，而且将侦察获得的图像准确、及时地传输到快速飞行的攻击机上，从而提高了飞行员对战场情况的掌握和判断能力，增加了其数字瞄准信息，提高了空中突击效果，显示出网络化作战的优越性。

为了在实战中进行信息战，美、英等国空军开始组建专门信息战部队。如美空军已组建计算机快速反应分队、信息对抗措施分队、电子安全工程分队和安全技术嵌入与测试分队，2003 年底，更正式组建专门实施信息进攻战的航空队——第 8 航空队，下辖 9 个信息战、电子战等不同类型的空军联队。同年年底，美空军部进一步决定将全谱信息战、防御性信息网络传感器、主动性网络防御、横向集成、空间信息战等作为该航空队的发展重点。

随着信息战实践的发展，信息战有关武器装备器材、机构和部队在空军中的比例将不断增加，与此同时，对信息战的理论研究也将不断深入，信息战学术思想将日趋成熟。

## 五、空军在非战争行动中的应用将越来越受到重视

自 2002 年“9·11”恐怖袭击发生以后，世界各地恶性恐怖袭击事件接连不断，恐怖主义分子不仅花样不断翻新、手法不断变化，而且极力追求血腥、刺激和规模效应，甚至出现了利用大规模杀伤性武器进行恐怖袭

击的危险，恐怖主义已成为广大无辜民众生命安全的一个重要威胁。由于恐怖组织组织严密，人员分散，活动隐蔽，袭击目标除军事设施、政府机构、使领馆外，还包括学校、能源设施、运输工具、旅游娱乐场所、商场、剧院，等等，很难预防和发现。因此，反恐怖活动，以及打击非法武装叛乱分子，成为新的历史条件下世界各国共同面临的一种新的低强度冲突。空军可在谍报、太空和无线电技术侦察、电子对抗、空降兵、海军陆战队、特种作战部队和心理战部队等有关力量配合下，利用其反应迅速、行动快捷、距离随意、方法灵活和突击准确等特点，对恐怖分子、非法武装叛乱分子和小股武装集团实施空中侦察—搜索、空中侦察—突击、空中奔袭—强击以及空地联合清剿等作战行动，对恐怖分子、非法武装叛乱集团及其发动的恐怖活动和游击战连同其训练活动基地予以毁灭性的打击。

封锁作战属于低强度冲突。实施封锁作战时，发动一方以空中平台为主，加以海基、陆基平台配合布设水雷和发射中、远程导弹，封锁对方港口、机场和陆上出入通道，孤立对方军队，动摇民心士气，达到小战而屈人之兵的一种作战方法。由于依托全时辰、全天候和全空域的卫星侦察监视系统和卫星跟踪定位技术、远距离识别技术及精确制导技术，实施中、远程导弹攻击等作战就有可能使封锁对象不敢越禁区一步而完成封锁任务，使封锁作战由原来的必须调动庞大地面部队或海上部队部署在封锁对象国和地区周围进行实兵封锁，变为超视距非接触性封锁。由于封锁兵力远离目标，不进入封锁对象领海、领空、领土，从而大大减少封锁兵力的暴露和封锁作战的风险。而被封锁对象国或地区要打破封锁，也必须采取相应的非接触式反封锁作战，破坏对方的空间侦察监视和导航定位系统，打击对方的导弹发射平台。因此，在未来战争中，拥有先进军事力量的国家，在发动实战之前，往往先行实施这种空中超视距非接触式封锁作战，迫敌就范。

自20世纪80年代以后、“外科手术”式突然袭击作为低强度冲突的方式之一，曾为拥有军事高技术绝对优势一方为实现特定目的而多次使用的一种作战样式，使用少量飞机，进行空中突击，直接打击对方要害目标，达到既定的目的。

“外科手术”式作战并不遵循传统作战程序和战法——先从边境发起战

斗，而后层层推进，最后消灭处于纵深位置的目标。“外科手术”式作战的发起和结束的目标可能就是同一个——消灭敌国或地区的领导人、集团头目，或摧毁具有高价值的重要设施。这种作战方法，由于不兴师动众，仅出动几架飞机，或发射几枚导弹，作战即告结束。虽然发动打击的一方通常不会损兵折将，但战果却可能巨大——消灭了敌对的首脑或重要人物，摧毁了对方重要设施，给对方造成无法弥补的损失。即使没有实现上述目的，也能在对方心理上造成巨大而长久的震撼，达成小战而屈人之兵。因作战时间短暂，在对方和国际上还来不及作出反应时作战即告结束，而且使用隐身飞机、精确制导武器和隐蔽突然战术，作战范围一般均能得到严格控制，附带损失少，基本上不会对对方其国民的生产生活和正常社会活动造成严重影响，对抗升级的可能性较小，也很难引起国际上其他国家干预，它比进行一场难以预测的“武力对武力”耗损性战争要短暂、有效、有力，也更简便。这种被称为“斩首战”的“外科手术”式作战，已成为军事高技术时代的一种独特作战样式。它是随着侦察、预警、导航、隐身、精确制导等高技术迅猛发展而出现的，打击平台的基地有可能距目标千里之外，但打击精度异常精确。伊拉克战争的序幕，其实是由美空军出动F－117A型隐身轰炸机使用EGBU－27GPS/INS（全球定位/惯性制导炸弹）以“外科手术”式“斩首战”启动的，美企图一举炸死伊总统萨达姆·侯赛因及其儿子和其他伊高官，铲除美在中东地区的眼中钉，如果成功，这场战争的进程将会改写。作战虽然没有成功，却使萨达姆从此陷入极度紧张的境地。

## 六、超视距非接触式作战将是未来空军的一种重要作战样式

空军超视距非接触式作战包括超视距空战和超视距对地（海）突击，它是随着超视距探测设备——主要指雷达和超视距攻击武器——主要指导弹的诞生而形成的。

超视距空战是指作战双方空中作战平台，在视距以外，通过机载探测设备搜索、发现对方空中目标，利用中、远距空空导弹进行相互攻击的一

种非接触式作战样式。超视距空战包括中距空战（约100千米）和远距空战（100千米以外）。攻击目标主要是对方空中作战平台——飞机，或是拦截对方空基、陆基和海基平台发射的各类导弹。

随着空中作战平台隐身化程度提高、空空导弹射程增加和精确制导能力——包括卫星定位系统制导能力增强，在未来信息化战争中，超视距空战作战样式将越来越普遍，尤其是空中武器装备信息化程度高的空军，将会更多地采用这种作战样式。

超视距对地（海）突击是指实施空中袭击一方的飞机在被袭击一方防空兵器的有效射程以外空域高空进行空中突击的一种作战样式，主要突击武器为机载巡航导弹和远程空地（海）导弹，主要突击目标是敌方探测预警系统，指挥控制系统，打击武器系统，军、政首脑机关，广播电视新闻传媒系统，影响战争潜力的重要国防科研生产基地、仓库和经济、民用目标，以及大型水面和水下作战舰艇等。瘫痪敌方战争动员和指挥中枢，消灭敌方重兵集团，破坏敌方战争潜力，削弱敌方防空和海上作战能力，使敌国民众产生恐惧心理，为而后作战和迅速结束战争创造有利条件。突击方式为依托部署在太空的侦察监视、通信、导航等空间卫星系统，从不同方向、不同空域、同一时间或不同时间向目标实施远距攻击。这种突击方式，既可以达到出其不意目的，又可以因为“无抵抗”而己方“零伤亡”。在未来信息化战争中，将成为一些现代化空军对弱小国家进行空中打击的主要作战样式，并将为越来越多的国家空军所采用。

但是，在看到由远战航空武器装备发展而出现的超视距非接触式空中作战，并将继续随着军事科技和航空远战武器发展而使双方作战距离不断增加，特别是智能航空武器的发展和普及，科幻小说和电影中所描绘的由机器人进行的超视距大战也许会成为现实的同时，还必须认识到空中作战中的空中格斗和近距航空火力支援作战仍不会完全消失。其理由：一是即使科技非常先进的空军但要使所有航空武器装备都实现智能化并非易事；二是要使战争双方的所有航空武器装备都实现智能化更几乎是天方夜谭。

在越来越多飞机采用隐身技术而使发现距离缩小，或超视距拦截失败，或敌机进行电子干扰和机动造成导弹脱靶等情况下，不可避免地还要进行近距空战。据模拟计算，未来空战全过程仍将包括超视距全方位拦截和近距格斗两种模式。这种空战模式不仅要求未来歼击机本身具有较高机动格斗性能，机载武器装备应具有远、中、近程，全方位和多目标攻击能力，而且歼击机飞行员也必须通过严格的近距空中格斗训练。美国投入装备的最先进的第四代战斗机——F/A－22 型战斗机，不但具有优良的机动性能，其机载武器除了 2 枚 AIM－9 或 AIM－9X 型近距空空导弹，或 4 枚 AIM－120A 或 6 枚 AIM－120C 型先进中距空空导弹外，还有 1 门 20 毫米 M61 A2 型长管机炮（备弹 480 发）。第四代歼击机均都注意了上述两方面的要求——高机动性和近距空战能力，说明各国空军仍然重视应付未来空战中可能出现的近距格斗作战。

至于近距航空火力支援作战，欧美国家称作近距空中支援（CAS），也不可能在战争中消失。近距航空火力支援，自第一次世界大战以来，无论是第二次世界大战，抑或是战后的朝鲜战争、中东战争、越南战争、马岛战争和海湾战争，一直是空军主要作战任务之一。美军出版的《21 世纪的陆军》作战理论认为，未来地面作战继续需要有力的空中支援，包括近距空中支援。

在作战中，近距航空火力支援是指空军对与敌发生接触的己方地面部队实施的支援作战。但在所谓“非接触式战争”理论影响下，近年来美国空军有人甚至认为，由于战争中主要使用各种远距精确突击武器和防御武器、各种基于物理原理之上的新概念武器、信息武器和电子对抗武器，完全有可能通过非接触手段摧毁敌国军事力量、经济潜力和抵抗意志，军事行动已无须地面部队直接参与。因此，近距航空火力支援的重要性已经下降，在一些国家不仅停止了研制执行近距航空火力支援任务的飞机，空军部队也不再重视对近距航空火力支援科目训练。但是，在阿富汗战争中却发生了这样一个战例，一次美国的海军“海豹”小分队遭到了塔利班武装力量包围，其危急情况虽然被在空中执行其他任务的空军飞机所发现，但是，当时附近空域既没有执行近距航空火力支援任务的飞机在空中待战，甚至在附近机场也没有执行该项任务的飞机值班，在等待了约 1 个小时之后，1 架 F－15E“鹰”式战斗机才奉命飞抵小分队上空。众所周知，F－15E 型机在设计上并不是用于执行近距航空火力支援任务的（美国比较有代表性专用于执行该项任务的飞机有原道格拉斯公司制造的 AD/A－1 系列飞机，主要特点为机腹安装防护装甲、生存能力强、航程远、巡航时间长、载弹量大、能进行低空慢速飞行，该系列飞机还适用于执行空中搜索与救援任务。目前美国空军装备的 A－10“疣猪”型攻击机可专用于近距航空火力支援作战），驾驶 F－15E 型机的飞行员也从未进行过对与敌处于紧密接触状态地面部队进行近距空中支援科目训练。因此，飞抵小分队上空的 F－15E型机只能进行一般的航炮扫射，结果可想而知。美军学者认为，这是近年来美国错误地认为美国拥有先进的远距离攻击武器，不仅可以在任何战争中都能掌握绝对优势，而且已经可以打非接触式战争，即使要地面部队参与，美军完全拥有选择派遣地面部队作战的时间、地点和方式等主动权，地面部队一般只是在经过了彻底空中打击，敌人战斗力已经遭到严重削弱，基本上失去还手之力，然后才进入作战地域收拾残局，因此，很难出现与敌地面部队接触需要艰苦作战甚至出现被消灭的危险，从而忽视近距航空火力支援所造成的结果。

由于近距航空火力支援是支援与敌紧密接触的己方地面部队，空军遂行近距航空火力支援任务在打击敌人地面部队的同时却不能误伤己方地面部队，它要求地面的前沿航空兵控制员与遂行近距航空火力支援任务的空勤人员之间保持非常密切细致的协同，飞行员本身也需要经过多年训练才能准确熟练地掌握该项技能，而且还需经常和地面部队进行磨合才能达到完美。

进入 21 世纪后爆发的阿富汗和伊拉克两场高技术条件下的局部战争表明，仅依靠空中力量和其他军、兵种的远程精确攻击武器，即使进行了毁灭性打击，战争目的仍然没有完全达成，不仅需要地面部队参与，由于战争迷雾和不可预测性仍然存在，在全局掌握战略主动权情况下，在局部的某个时间、某个地点的地面部队还是有可能发生意外遭遇战，而此时如无近距航空火力支援，尤其陷入预有准备之敌包围仓促应战的小分队，装备再怎么现代化和先进，也很难逃脱被动挨打甚至被歼灭的厄运。此时，近距航空火力支援就可以扭转危局，使地面小分队化险为夷。2003 年美军“伊拉克自由”行动结束以后，美空军作战条令中心根据美军在世纪之交几次局部战争的经验，在重新修订的空军作战条令《空军条令文件 2－1.3》中，继续将近距空中支援作为空军的对地攻击作战三项任务之一（另外两项任务为直接攻击和空中遮断），并计划对仍在服役的 A－10“疣猪”型攻击机进行改造，可服役至 2028 年，届时与 F－16C 型战斗机一起由 F－35 型联合攻击战斗机代替执行近距空中支援作战任务。

现代局部战争和武装冲突表明，空中战争已发展为现代战争的主要样式，空军已成为现代战争中最具威胁性的主导力量，在联合作战中将与其他军、兵种整合为一个整体，从而成为一些国家、集团尤其是军事发达国家和集团采取以战争手段解决国家与国家、地区之间矛盾和争端的首选武装力量。此外，空军还可以在反恐作战和非战争行动中发挥独特的作用。因此，空军将随着新军事变革发展和本身转型的逐步进行，其前途将像航空空间和航天空间一样广阔无垠，而空军学术思想既需要在空军发展过程中发挥牵引作用，也将伴随空军发展的推动而向更高更深层次发展。但是，在认识空军拥有独一无二的情报、通信、速度、克服自然地理条件和装备精确机载武器从而能够准确袭击所要突击的目标，能够在联合作战中将陆军和海军等其他军、兵种整合到一起实施一体化联合作战，在战争中降低地面部队和海上部队面临的危险并加速战争进程，为战争做出突出贡献的同时，也应对空军的局限性保持清醒认识，为了控制敌军和敌国人民的敌对行动，在以空中作战为主作战行动结束以后，仍然需要穿着防弹衣的士兵和坦克去完成全部战斗任务。特别是当敌军广泛利用民间设施掩护，敌国人民全面开展人民战争的时候，尤其是这样。这是各国战争的指导者需要清醒认识的。空军只有不断发展学术思想，使作战能力不断壮大，在战争中与陆、海军等武装力量密切协同，实施成功的联合作战，才能彻底消灭和打垮敌人的抵抗力量和意志，最终完成国家赋予的使命。

# 结　语

本书立足于杜黑的军事理论，从哲学的角度研究了杜黑的军事技术思想。通过研究，系统地梳理了杜黑军事技术思想的主要内容；重点分析了杜黑军事技术思想所蕴含的哲学思想，这也是本文的主要创新点，即丰富的理性思维、技术决定论思想、对军事技术发展的伦理思考以及杜黑所体现出的科学精神；归纳总结了杜黑军事技术思想对军事学术、军事技术、军队结构、战争样式产生的影响；指明了杜黑军事技术思想的现实指导意义，在推进中国特色的军事变革过程中，我们要贯彻杜黑提出的寓军于民、军民一体化的国防工业政策，通过增强对技术的理解力和培养“技术支撑型”理论人才来加强军事理论的创新。

本书从军事技术的角度研究杜黑的制空权理论，是首次全面系统地归纳整理杜黑的军事技术思想，填补了国内外研究的一项空白；从哲学的角度研究杜黑的军事技术思想，是研究方法的创新；从全新的视角重新评价杜黑的军事技术思想，摆脱了军事学研究的束缚，使我们能更深刻的理解、应用杜黑的理论。

但由于笔者能力和所获资料有限，再加上哲学功底不足，在研究过程中难免存在一些问题，比如：对杜黑军事技术思想所蕴含的哲学思想论证不够充分、深度不够，并且仍然存在一些有待深入探讨的哲学问题；对现实的指导意义方面总结不够全面，把握还有待更精准；等等。笔者会在今后的学习工作中付出更多，努力提高各方面的水平，争取将杜黑军事技术思想的研究更进一步。

# 参考文献

[1]威廉·米切尔.空中国防论[M].李纯,华人杰,译.北京:解放军出版社,2005.

[2]邵振庭,胡建明,单峰.开风之先的空权论——杜黑 < 制空权 > 浅说[M].北京:军事科学出版社,2001.

[3]郭祖玉.军事科技发展史[M].北京:军事谊文出版社,1998.

[4]华人杰,曹毅风,陈惠秀,等.空军学术思想史[M].北京:解放军出版社,2008.

[5]William H. Tomlinson. The father of airpower doctrine [J]. Military Review, 1966,(9): 27 –31.

[6]Bernard Brodie. The heritage of Douhet [J]. Air University Quarterly Review, Summer 1953.

[7]Dickman, Joseph L. A re – evaluation of the Douhet theory. Maxwell AFB, AL, 1948. (Air Command and Staff College. Student thesis).

[8]laudio Segre. Douhet in Italy; Prophet without honor? Italy; Aerospace Historian , 1979(6);71.

[9]AZAR GAT. Fascist and Liberal Visions of War; Fuller, Liddell Hart, Douhet, and Other Modernists. Oxford; Clarendon Press, 1998.

[10]马克思,恩格斯.马克思恩格斯选集·第3卷[M].北京:人民出版社,1972.

[11]阿彻·琼斯.西方战争艺术[M].刘克俭,刘卫国,译.北京:中国青年出版社,2001.

[12]朱里奥·杜黑.制空权[M].曹毅风,华人杰,译.北京:解放军出版社,2005.

[13]闵增富,胡建明,张加礼.解读 < 制空权 > [M].北京:解放军出版社,2005.

[14]姚有志.战争战略论[M].北京:解放军出版社,2005.

[15] Phillip S. Meilinger. The paths of heavn [M]. Air uiversity press,1997.

[16]尼古拉斯·布宁,余纪元.西方哲学英汉对照辞典[M].北京:人民出版社,2001.

[17]Michael D. Pixley. False Gospel for Airpower Strategy? [EB/OL]http://www. airpower. maxwell. af. mil/ airchronicles/cc/douhet. htm.

[18]卡尔·冯·克劳塞维茨.战争论[M].军事科学院,译.北京:解放军出版社,2005.

[19]于汝波.对16世纪以后我国军事理论落后原因的几点思考[J].史学月刊,2005,11(11):14-15.

[20]李硕.技术决定论浅析[J].哈尔滨工业大学学报(社会科学版),2001,9(3):27-28.

[21]阿尔福雷德·塞耶·马汉.海权对历史的影响[M].安常容,成忠勤,译.北京:解放军出版社,2005.

[22]A. H. 若米尼.战争艺术概论[M].刘聪,译.北京:解放军出版社,2006.

[23]Bernard Brodie. Strategy in the Missile Age [M]. Princeton: Princeton University Press, 1959.

[24]Edward Mead Earle. Makers of Modern Strategy: Military Thought from Machiavelli to Hitler[M]//EDWARD WARNER ; Douhet, Mitchell, Seversky; Theories of Air Warfare. Princeton; Princeton University Press, 1943.

[25]John F. Shiner. Reflections on Douhet [J]. Washington: Air University Review,1986(1-2):93-95.

[26] William D. Franklin. Douhet revisited [J]. Military Review, 1967 (11):65-69.

[27]Jason B. Barlow. Strategic Paralysis: An Airpower Theory for the Present [M]. Alabma: Maxwell Air Force base Air University Press ,1994.

[28] Estes, Richard H. Giulio Douhet: More on Target Than He Knew [J]. Airpower Journal , 1990, 4.

[29] KIRK W. HUNSAKER. The invincible; perspectives on the recongnition and prevention of airpower crisis [M], Alabma; Maxwell Air Force base Air University Press ,2005.

[30] Silvanus T. Gilbert. What will Douhet think of next? [M]. United States Air Force air university, 1992.

[31] David R. Mets. The air campaign[M]. Alabma: Maxwell Air Force base Air University Press ,1999.

[32] 赵江波,荣小雪. 军事技术发展的伦理思考[C]//首届全国军事技术哲学学术研讨会论文集. 长沙;国防科技大学人文与社会科学学院,2007; 62 - 65.

[33] 董金明,常景华. 弘扬科学精神是推进现代化的文化自觉[J]. 马克思主义与现实,2007,2(1):185 - 187.

[34] 董文先. 现代空军论(续)[M]. 北京:蓝天出版社,2005.

[35] 董文先. 号声扬空军[M]. 北京:解放军出版社,2007.

[36] Buckley, John. Air Power in the Age of total war[M]. Bloomington, Ind. : Indiana University Press, 1999.

[37] 彼得·帕雷特. 现代战略的缔造者[M]. 时殷弘,等,译, 北京:世界知识出版社,2006.

[38] 刘亚洲. 战神凌空——世界空军百年评点[M]. 北京:解放军出版社,2004.

[39] 埃里希·鲁登道夫. 总体战[M]. 戴耀先,译. 北京:解放军出版社,2005.

[40] 利德尔·哈特. 战略论[M]. 中国人民解放军军事科学院,译. 北京:战士出版社,1981.

[41] 约翰·柯林斯. 大战略[M]. 中国人民解放军军事科学院,译. 北京:战士出版社, 1978.

[42] 巴瑞特·提尔曼. 美国空军[M]. 周正,徐明毅,译. 南京:南京出版社,2004.

[43] 董文先. 杜黑和他的理论[J]. 中国空军,2003(3):57-58.

[44] 郎守林,张历山. 试论空中战争的历史轨迹及其发展趋势[J]. 中国军事科学 2002,10(5):115-121.

[45] 未未. 破解现代战争密码[M]. 北京:解放军出版社,2006.

[46] 武文军,唐详书,张涛,唐兴诚. 美国空袭作战理论[M]. 北京:军事科学院,2002.

[47] Daniel L. Byman, Matthew C. Waxman. Kosovo and the great airpower debate[M]. THE MIT Press,2000.

[48] 闵增富. 美国未来空军[M]. 北京:解放军出版社,2007.

[49] 周至柔. 航空与国防[M]. 正中书局,1936.

[50] 董文先,胡思远. 杜黑理论与空军[M]. 北京:军事科学出版社,1995.

[51] 葛东升. 马克思主义战争观和当代战争[M]. 北京:军事科学出版社,2007.

[52] 米哈伊洛夫. 苏沃洛夫[M]. 杨少云,等,译. 北京:解放军出版社,1986.

[53] 军事科学院. 马克思恩格斯列宁斯大林军事文摘[M]. 北京:军事科学出版社,1962.

[54] 军事科学院. 苏联军事百科全书[M]第 7 卷. 北京:战士出版社,1982.

[55] 中国大百科全书总编委. 中国大百科全书·军事卷[M]. 上海:中国大百科全书出版社,1987.

[56] 何奇松.《制空权》与新军事革命——读杜黑《制空权》[J]. 中国图书评论,2006,8(8):26-31.

[57] 董文先. 党的三代领导核心关于建设中国特色强大空军的思想[J]. 空军军事学术,1999,12(6):10-13.

[58] 蔡风震,田安平. 空天战场与中国空军[M]. 北京:解放军出版社,2004.

[59] 于汝波. 中国历史上军事科技进步与军事理论发展之关系[J]. 军事历史研究, 2005,9(3):150-154.

［60］金一南. 技术理解能力：现代军事创新的重要素质［EB/OL］. http://www.china.com.cn/chinesezhuanti/xxsb/1223095.htm.

［61］高鹏. 战略理论创新问题研究［M］. 北京：国防大学出版社，2003.

［62］吴波，咸玉国. 新军事变革呼唤"技术支撑型理论人才"［J］. 国防科技，2004，2(2)：20－21.

# 附录　杜黑生平年表

1. 1869 年 5 月 30 日，出生于意大利南部的卡塞塔镇。

2. 中学毕业后，考入都灵的意大利陆军炮兵学院，开始步入军事科学的殿堂。1888 年以全班第一名的优异成绩，完成了学业，并被授予陆军中尉军衔，时年 19 岁。

3. 炮兵学校毕业不久，考入了都灵工程学院，学习高级电工技术课程，毕业时其学位论文《旋转磁场发动机的设计》被选入该院的教科书。

4. 都灵工程学院毕业后，被选送到意大利陆军学院学习。陆军学院毕业后，在陆军岗位工作。

5. 1900 年在陆军参谋部工作，并晋升为上尉军衔。

6. 1901—1904 年，发表了一系列有关机械化与陆军作战的演讲论文，如《从军事观点看机械化》、《重型机械和军事机械化》、《军用重型车辆驾驶手册》等等。期间，被任命为意大利第一位摩托营的营长，并晋升为少校军衔。

7. 1908 年 5 月，第一次观看了飞机表演，成为其人生的转折点，从此步入了为之奋斗终生的空中战争理论和空军军事学术研究。

8. 1909 年，写出了关于军事航空的第一部论著《航空问题》，首次较为详尽、系统地提出了自己对未来军事航空的地位、作用、发展潜力等一系列观点。

9. 1912 年担任意大利陆军第一个航空营营长，晋升为中校军衔。

意土战争后，被指派起草一份有关此次战争对未来航空器使用有何意义的报告，报告的大部分涉及意大利空军的编成、训练和配备，但没有引起人们的注意。

10. 1913 年，为意大利军事航空制定出第一个《飞机作战使用概则》，对飞行训练、作战使用等军事航空的基本问题作出了明确规定。

11. 1913 年，力排众议，亲自主持三发轰炸机的研制工作。

12. 1915 年遭到军内保守势力的排挤而辞去军职。

13. 1915 年 5 月意大利参加第一次世界大战后，重回部队并升任米兰师中校参谋长，参加了第一次世界大战。

14. 1916 年，多次提出“编成航空兵部队实施彻底攻击”的建议和阐明自己的理论，并批评意大利陆军当局指挥无能和战略指导错误，因言辞激烈，触怒了最高统帅部，同年 9 月 16 日，杜黑被解除职务。

15. 1916 年 10 月 14 日、15 日，被意大利军事法庭认定犯有泄露军事情报罪，判处一年监禁并罚款 170 里拉。

16. 1917 年，在狱中完成了一篇题为《大规模空中进攻》的论著，详尽地论述了战略轰炸的思想。

17. 1917 年 10 月 15 日，获释出狱。不久被任命为意大利陆军航空局技术勤务处处长，因深感军队中保守势力强大，难以施展抱负，决意离开部队。

18. 1918 年 6 月 4 日，辞去航空局技术勤务处处长职务。

19. 1920 年 11 月，经过意大利陆海军最高军法会议再次审议，正式承认了其理论。

20. 1921 年意大利陆军部出版了其第一本著作《制空权》，被晋升为少将。

21. 一战结束后，加入了意大利法西斯党，成为军界中著名的政治人物。1922 年，参加了意大利法西斯发起的“向罗马进军”的活动，攫取了意大利政权。随后，出任了意大利航空部部长。

22. 1923 年辞退军职，专门从事著述。

23. 1927 年，《制空权》再版时，对书中原有的观点做了进一步的阐述，并提出了一些新的观点。

24. 1928 年 4 月，发表了《未来战争的可能面貌》一书。

25. 1929 年 11 月，发表了《扼要的重述》一文，针对意大利出现的有关军事航空方面的争论，阐述了自己的观点和立场，进一步强调了建立独立空军的重要意义。

26. 1930 年 2 月 15 日，病逝于罗马，终年 61 岁。

27. 1930 年 3 月 25 日，意大利《航空技术杂志》刊登了他的绝笔《19 × ×年战争》，这篇论著以叙事的形式形象地反映了其对未来战争的展望。

28. 1932 年，意大利将其主要著作《制空权》《未来战争的可能面貌》《扼要的重述》《19 × ×年的战争》汇编成《制空权》出版。